U0552694

中国县域（市辖区）旅游高质量发展研究报告 2022

北京华夏佰强旅游咨询中心 著

中国社会科学出版社

图书在版编目（CIP）数据

中国县域（市辖区）旅游高质量发展研究报告.2022/北京华夏佰强旅游咨询中心著.—北京：中国社会科学出版社，2022.12
ISBN 978-7-5227-1320-5

Ⅰ.①中… Ⅱ.①北… Ⅲ.①县—地方旅游业—旅游业发展—研究报告—中国—2022 Ⅳ.①F592.7

中国国家版本馆 CIP 数据核字（2023）第 022320 号

出 版 人	赵剑英	
责任编辑	李庆红	
责任校对	赵雪姣	
责任印制	王　超	

出　　版	中国社会科学出版社	
社　　址	北京鼓楼西大街甲 158 号	
邮　　编	100720	
网　　址	http://www.csspw.cn	
发 行 部	010-84083685	
门 市 部	010-84029450	
经　　销	新华书店及其他书店	
印　　刷	北京君升印刷有限公司	
装　　订	廊坊市广阳区广增装订厂	
版　　次	2022 年 12 月第 1 版	
印　　次	2022 年 12 月第 1 次印刷	
开　　本	710×1000　1/16	
印　　张	14.25	
插　　页	2	
字　　数	126 千字	
定　　价	78.00 元	

凡购买中国社会科学出版社图书，如有质量问题请与本社营销中心联系调换
电话：010-84083683
版权所有　侵权必究

目　　录

总报告

2022年中国县域旅游高质量发展研究报告 …………… 3

2022年中国市辖区旅游高质量发展研究报告 ……… 25

专项报告

浙江省旅游高质量发展研究报告 ……………… 39

福建省旅游高质量发展研究报告 ……………… 49

广东省旅游高质量发展研究报告 ……………… 60

贵州省旅游高质量发展研究报告 ……………… 72

江苏省旅游高质量发展研究报告 ……………… 83

四川省旅游高质量发展研究报告 ……………… 94

重庆市旅游高质量发展研究报告 ……………… 106

江西省旅游高质量发展研究报告 ……………… 116

云南省旅游高质量发展研究报告 …………… 127

广西壮族自治区旅游高质量发展研究报告 ………… 139

发展案例

浙江省安吉县　高质量建设国际化
绿色山水美好城市 …………………………… 153

浙江省桐乡市　打好消费组合拳　走出桐乡文旅
复苏新路径 …………………………………… 166

浙江省长兴县　打造文旅融合新样板·实现
全域旅游新腾飞 ……………………………… 175

浙江省临海市　高品质打造全域旅游示范区 …… 182

江苏省句容市　以"福"为本　打造天下
第一文旅福地 ………………………………… 188

四川省江油市　大力实施"文旅兴市"战略
激发全域旅游活力 …………………………… 196

四川省宣汉县　"文旅靓县"开创文旅高质量
发展新局面 …………………………………… 203

山东省滕州市　深化文旅融合　聚焦产业振兴　推动
文化资源大市向文化生态旅游强市华丽嬗变 …… 210

广东新兴县　发展全域旅游　打造粤港澳大湾区旅游
休闲目的地 …………………………………… 218

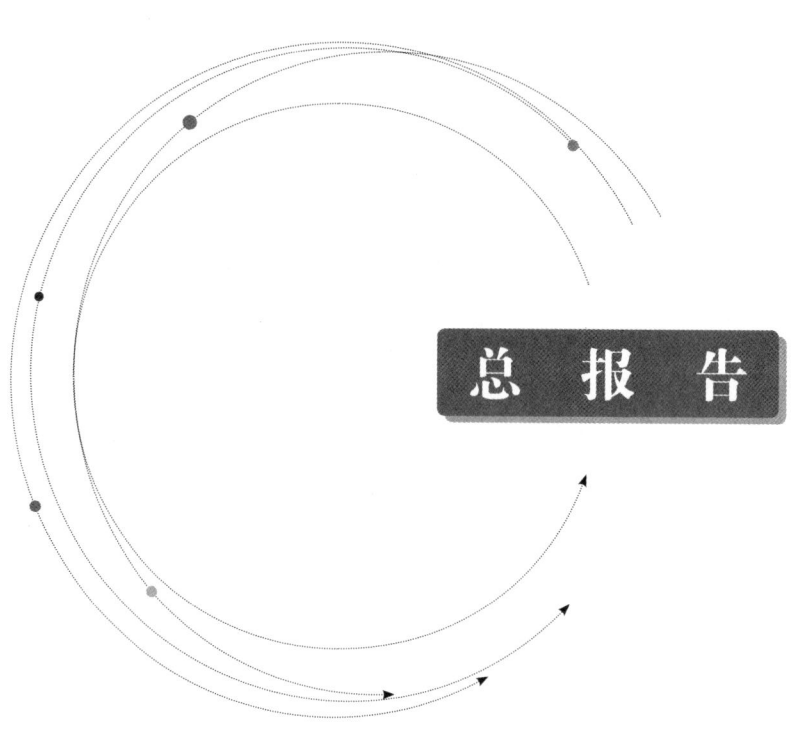

总报告

2022年中国县域旅游高质量发展研究报告

为客观评价中国县域旅游发展水平和发展质量，全面表征中国县域旅游的发展背景、本质特征和价值目标解读，总结县域旅游一般性发展规律，探索县域旅游迈向高质量发展新阶段的路径，不断丰富、完善县域旅游的理论研究体系，中国县域旅游研究课题组、北京华夏佰强旅游咨询中心倾力构建中国县域旅游发展研究指标体系，并已经连续四年发布中国县域旅游研究报告。

一 中国旅游全面步入大众旅游时代

党的二十大报告再次明确，"我国社会主要矛盾是人民日益增长的美好生活需要和不平衡不充分的发展之间的矛盾，并紧紧围绕这个社会主要矛盾推进各项工作，不断丰富和发展人类文明新形态"[①]。国务院印发的《"十四五"旅游业发展规划》提出，"到2025年，旅游业发展水平不断提升，现代旅游业体系更加健全，旅游有效供给、优质供给、弹性供给更为丰富，大众旅游消费需求得到更好满足"。毫无疑问，旅游业作为典型的"幸福产业"和"大健康产业"，是美好生活的必然组成部分、国计民生的重要内涵、解决新的社会主要矛盾的有效工具。[②]

"十四五"时期是中国旅游业发展的重要战略机遇期。县域旅游在完善现代旅游业体系、建设旅游强国中扮演着重要角色。背上行囊，约上亲友，奔赴另一座城市，徜徉于青山绿水，感受充满诗意的休闲假日时光，大众旅游时代，越来越多的人走出家门，踏上旅途。旅游已经走进千家万户，成为小康社会人民美好生活的刚性需求，成为人们的重要生活方式。旅游已经成为生活水平提高的一个重要指标，成为小康社会生活的重要方式。

2011—2021年，随着经济发展水平的跨越提升，旅游业快速发展，旅游产品提质升级，旅游业成为带

[①] 习近平：《高举中国特色社会主义伟大旗帜，为全面建设社会主义现代化国家而团结奋斗——在中国共产党第二十次全国代表大会上的报告》，人民出版社2022年版，第7页。

[②] 张文建：《浅谈旅游之于美好生活的意义》，光明网，2022年6月17日，https://m.gmw.cn/baijia/2022-06-17/35817481.html。

动消费增长的重要支柱产业。尽管受到新冠疫情的严重冲击，旅游业出现了很大波动，但其在国民经济结构中的支柱性地位并没有发生改变。

2011—2021年，旅游创新业态不断涌现，产业跨界融合、协同发展趋势更加凸显，处在重要战略机遇期的旅游业向着高质量发展的方向大步迈进。

2011—2021年，旅游经济快速发展，产业规模不断扩大。2012年以来，中国旅游收入年均增长10.6%左右。2021年，受到新冠疫情持续散点多发、多地跨省旅游基本熔断的冲击，国内旅游收入（旅游总消费）仍然实现了2.92万亿元，同比增长31.0%，占GDP的比重为2.55%；国内旅游总人次为32.46亿人次，同比增长12.8%，两项核心指标分别回到了疫情之前2019年水平的44.04%和54.04%。

2011—2021年，旅游产品供给不断提升优化，业态更加丰富。从2012年到2021年，全国A级旅游景区数量由6042家增加到14332家，增长了1.37倍；5A级旅游景区数量由144家增加到306家，中高等级景区比例大幅提升。推出国家级、省级旅游度假区671家，全国乡村旅游重点村镇1299个、全国红色旅游经典景区300家，基本上形成了覆盖广泛、业态丰富、选择多元的旅游产品供给体系（见图1）。①

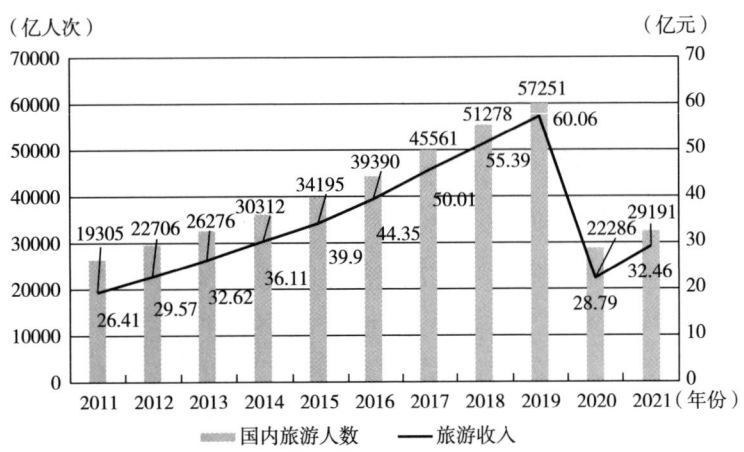

图1　2011—2021年中国国内旅游数据

时至今日，旅游已经成为人们重要的休闲生活方式。中国全面进入大众旅游时代，这种趋势只会不断强化，而不会发生逆转。旅游需求并没有因为疫情冲击而消失，只是延后了，但是旅游者的需求和旅游消费习惯已经发生了改变，新的需求正在不断积聚。传统观光旅游模式加速消退，主题旅游时代来临；旅行社跟团游逐渐弱化，自由行渐渐崛起；周边游、乡村游、自驾游在疫情后进一步发展，"高客单价低频"向"低客单价高频"升级蜕变；定制游走向大众，高

---

① 《文化和旅游部2021年文化和旅游发展统计公报》，2022年6月29日，https：//zwgk.mct.gov.cn/zfxxgkml/tjxx/202206/t20220629_934328.html。

端定制分化；预约成为习惯，景区消费从门票转向园内玩乐体验产品；租车自驾游成为年轻人的旅行生活方式，等等。"预约、限量、错峰、有序"已经成为旅游市场的一种常态。景区通过加大"新基建"投入和线上平台合作，应用人工智能、大数据等现代科技为游客提供预约、无接触和行程安全服务，景区市场数字化、智慧化程度大幅提升。中国旅游研究院调查显示，2019年国庆中秋长假期间82.8%的游客不同程度体验了预约，仅有2.5%的游客对预约体验提出负面评价。除部分开放式免票景区外，超过94%的5A级旅游景区实施分时预约制度，有效缓解了购票入园排长队和长时间拥挤的现象。

多措并举持续推动旅游市场复兴。各地政府出台旅游消费促进政策，大规模发放消费券刺激市场。根据公开信息不完全统计，2022年以来北京、山东、郑州、浙江等20余省市区都发放了长假消费券，云南、新疆等地还为自驾游客提供油费补贴。与此同时，各省市区、景区还通过免费或打折活动吸引旅客。全国有超1500家景区实行不同的门票免费或折扣政策，对旅游消费的刺激效果明显。

二 县域旅游：新时代区域经济发展新引擎

县域在全面建设社会主义现代化国家新征程中具

有重要战略地位。截至2021年年底，中国共有县域1866个，占全国国土面积的90%左右，占中国大陆人口和GDP比重分别为52.5%和38.3%。[①] 国有千县，县县不同。独特久远的历史文化、多姿多彩的风土人情、独具一格的自然地貌、享誉四方的风俗物产，为旅游发展提供了宝贵资源。

县域旅游是指以县级行政区划为地域空间，依托县域旅游资源禀赋优势，以资源开发为基础，以市场需求为导向，以产业为支撑，以特色旅游休闲生活体验为吸引的一种区域旅游发展形态。早在2005年，国家旅游局就提出"推出一批县域旅游经济的发展模式"，随后发布《创建旅游强县工作指导意见》，县域旅游进入快速发展阶段。近几年，随着文旅融合不断深化以及文旅产业成为国民战略性支柱产业，各县域发展文旅产业热情更加高涨，积极"跑步进场"，整合当地文化和旅游资源优势，加快当地文化旅游产业转型升级，并以此为抓手构建多元发展、多极支撑的现代服务业体系，实现县域经济发展水平的提升。截至目前，文化和旅游部公布的两批共168个国家全域旅游示范区名单，其中103家全域旅游示范区都是县域（见表1）。

---

① 如未特殊说明，本研究报告相关数据仅指中国大陆31个省市自治区，不包含港澳台地区。

表1　　　　　　　　　　　中国全域旅游示范区名单

省份	第一批（71个）	第二批（97个）
北京	延庆区、怀柔区、平谷区	昌平区、门头沟区
天津	蓟州区	中新天津生态城
河北	秦皇岛市北戴河区、邯郸市涉县、保定市易县	邯郸市武安市、石家庄市平山县、秦皇岛市山海关区、唐山市迁西县
山西	临汾市洪洞县、晋城市阳城县、晋中市平遥县	晋城市泽州县、长治市壶关县、运城市永济市、长治市武乡县
内蒙古	呼伦贝尔市满洲里市	鄂尔多斯市康巴什区、锡林郭勒盟二连浩特市
辽宁	本溪市桓仁满族自治县	朝阳市喀喇沁左翼蒙古族自治县、辽阳市弓长岭区
吉林	长白山保护开发区管委会池北区、延边朝鲜族自治州敦化市	长白山管委会池南区、梅河口市、通化市集安市
黑龙江	大兴安岭地区漠河县、黑河市五大连池市	鸡西市虎林市、伊春市嘉荫县
上海	黄浦区、松江区	青浦区、崇明区
江苏	南京市秦淮区、南京市江宁区、徐州市贾汪区	淮安市金湖县、无锡市宜兴市、苏州市吴中区、常州市溧阳市、盐城市大丰区
浙江	湖州市安吉县、衢州市江山市、宁波市宁海县	绍兴市新昌县、丽水市松阳县、台州市仙居县、杭州市桐庐县、嘉兴市嘉善县
安徽	黄山市黟县、六安市霍山县	安庆市潜山市、六安市金寨县、黄山市屯溪区
福建	福州市永泰县、南平市武夷山市、龙岩市武平县	三明市泰宁县、三明市尤溪县、泉州市德化县、厦门市集美区
江西	吉安市井冈山市、上饶市婺源县、抚州市资溪县	赣州市石城县、宜春市靖安县、九江市武宁县、景德镇市昌江区
山东	潍坊市青州市、青岛市崂山区、济宁市曲阜市	威海市荣成市、临沂市沂南县、烟台市蓬莱区、德州市齐河县、济南市章丘区
河南	焦作市修武县、信阳市新县、济源市	安阳市林州市、洛阳市栾川县、信阳市浉河区、焦作市博爱县
湖北	武汉市黄陂区、恩施土家族苗族自治州恩施市、宜昌市夷陵区	咸宁市通山县、神农架林区、黄冈市英山县、宜昌市远安县、恩施土家族苗族自治州利川市

续表

省份	第一批（71个）	第二批（97个）
湖南	衡阳市南岳区、湘潭市韶山市、张家界市武陵源区	张家界市永定区、长沙市望城区、湘西土家族苗族自治州凤凰县、郴州市资兴市
广东	广州市番禺区、江门市台山市	梅州市梅县区、韶关市仁化县、深圳市盐田区
广西	桂林市阳朔县、来宾市金秀瑶族自治县	桂林市兴安县、柳州市融水苗族自治县、防城港市东兴市
海南	三亚市吉阳区、保亭黎族苗族自治县	陵水黎族自治县
重庆	巫山县、武隆区	万盛经开区、渝中区
四川	成都市都江堰市、峨眉山市、广元市青川县	德阳市绵竹市、成都市崇州市、成都市锦江区、乐山市市中区、阿坝藏族羌族自治州九寨沟县
贵州	贵阳市花溪区、遵义市赤水市、六盘水市盘州市	毕节市百里杜鹃管理区、黔南布依族苗族自治州荔波县、贵阳市乌当区、黔东南苗族侗族自治州雷山县
云南	保山市腾冲市、昆明市石林彝族自治县	红河哈尼族彝族自治州弥勒市、大理白族自治州大理市、丽江市古城区
西藏	拉萨市城关区、林芝市鲁朗景区管理委员会	日喀则市桑珠孜区、拉萨市当雄县
陕西	西安市临潼区、渭南市华阴市	安康市石泉县、延安市黄陵县商洛市柞水县
甘肃	酒泉市敦煌市	平凉市崆峒区、嘉峪关市
青海	海北藏族自治州祁连县	海北藏族自治州刚察县
宁夏	银川市西夏区、中卫市沙坡头区	吴忠市青铜峡市、石嘴山市平罗县
新疆	伊犁哈萨克自治州昭苏县、巴音郭楞蒙古自治州博湖县、第十师185团	博尔塔拉蒙古自治州温泉县、阿勒泰地区布尔津县、伊犁哈萨克自治州特克斯县、新疆生产建设兵团、第八师石河子市

资料来源：北京华夏佰强旅游咨询中心根据文化和旅游部公布的国家全域旅游示范区名单整理。

大力发展县域旅游，是旅游业贯彻落实新发展理念的重要体现。国家《"十四五"旅游业发展规划》明确提出，"贯彻落实新发展理念，坚持文化和旅游融合发展，加快推进旅游业供给侧结构性改革，繁荣发展大众旅游，创新推动全域旅游，着力推动旅游业高质量发展"①。发展县域旅游既是旅游发展理念和发展模式的创新，也是旅游业转型升级的方向。发展县域旅游，有利于促进城乡旅游互动发展和城乡一体化，不仅能带动广大乡村的基础设施投资，提高农业人口的福祉，还能提升城市人口的生活质量，形成统一高效、平整有序的城市旅游大市场，这也是全面建成小康社会的重要内容和重要标志。

大力发展县域旅游是推进新型城镇化和乡村振兴的重要载体。旅游业是一项综合性强、带动性大的复合产业。县域旅游可以聚集人气商机，带动现代生态农业和农副产业加工、商贸物流、交通运输、餐饮酒店等行业联动发展，为城镇化提供有力的产业支撑；发展乡村旅游、观光农业、休闲农业能使农民实现就地、就近就业，就地市民化，能改善农村生态环境，建设美丽乡村，实现城市文明和乡村文明的直接相融，促进农民在家就能开阔视野、提升文明素质，加快从传统生活方式向现代生活方式转变。

大力发展县域旅游是全面提升中国旅游业国际竞争力的重要举措。新冠疫情之前的2019年，全球旅游

---

① 国务院《关于印发"十四五"旅游业发展规划的通知》国发〔2021〕32号，中国政府网，2022年1月20日，http://www.gov.cn/zhengce/content/2022-01/20/content_5669468.htm。

总收入（包括国内旅游收入和入境旅游收入）为5.8万亿美元，相当于全球GDP的6.7%[①]，早已成为世界重要产业。美国、西班牙、德国、英国、俄罗斯、日本、韩国、巴西、印度、南非等众多国家纷纷实施旅游国家战略。同旅游发达国家相比，中国在旅游发展水平和竞争力上还有差距，主要表现为旅游业对国民经济的贡献率还有待提高，旅游企业运营水平和国际相比还有较大的提升空间，等等。中国有超大规模的国内旅游市场和快速升级的市场需求。发展县域旅游，既能满足人民日益增长的旅游需要，助力解决旅游"内需流失"的问题，还能倒逼旅游品牌体系建设、旅游体验质量保障机制、旅游市场环境管控、旅游目的地营销能力等国内旅游服务和产品评价品质提升。

三　县域旅游的政策支持之路

"郡县治，天下安。"中国14亿人，有超过8亿人生活在县域。县域作为国家与社会、城市与乡村的联结点和经济社会发展的基本单元，是发展经济、保障民生、维护稳定的根基，是推进社会主义现代化强国建设最直接、最有效力的治理层级，也是国家高质量

---

① 数据来自《世界旅游经济趋势报告（2020）》，由世界旅游城市联合会与中国社会科学院旅游研究中心编制发布。

发展和实现治理现代化的动力来源。县域里的城镇与村庄，不仅是许多人的生命"底色"，还是关乎中国社会经济平稳健康发展的"基本盘"。

从旅游角度看，县域旅游兴，全国旅游兴。县域旅游必须发挥国家旅游大盘的支点和基础性作用。县域旅游在吸纳就业、缓解就业压力，尤其是在吸纳农村富余劳动力、解决弱势群体收入方面的作用日益凸显。据统计，全国县域旅游综合实力百强县的旅游从业人员占当地从业比重均为15%以上，浙江安吉、四川都江堰等超级旅游大县占比超过30%。

旅游业是国民经济战略支柱性产业，国家一直很重视县域旅游的发展。从国家旅游局到文化和旅游部，国家层面出台了系列政策，来促进县域旅游持续健康发展，并取得了较为明显的成效（见表2）。面对疫情的持续冲击，为了加快国内旅游业复产复工，给文旅企业纾困，从国家到地方纷纷加快出台了重振旅游业发展的扶持政策，涉及金融、土地、税收、财政补助等各个方面。全国31个省市区均发布了涉及旅游业的扶持政策，绝大多数省市区更是直接发布了针对旅游业的扶持政策，如海南省发布了《海南省旅游产业振兴计划（2020—2023）》、山东省发布了《山东省精品旅游景区建设三年行动方案》等。

表2　　　　　　历年来国家促进县域旅游发展政策梳理

时间	政策
2003年10月	国家旅游局发布《创建旅游强县工作指导意见》和《创建旅游强县工作导则》
2007年1月	国家旅游局发布《关于启动中国旅游强县创建试点工作的通知》并颁布《中国旅游强县创建试点名单》和《中国旅游强县标准（试行）》
2007年9月	出台《关于进一步促进旅游业发展的意见》提出积极探索县域旅游经济发展模式，建设一批旅游强县。公布《关于命名桓仁满族自治县等17个县为"中国旅游强县"的决定》
2010年10月	农业部和国家旅游局出台《关于开展全国休闲农业与乡村旅游示范县和全国休闲农业示范点创建活动的意见》，2010—2012年确认111个县（市、区）为全国休闲农业与乡村旅游示范县
2012年11月	国家旅游局正式批复同意北京延庆县等成为旅游综合改革示范县
2013年1月	农业部和国家旅游局出台《关于继续开展全国休闲农业与乡村旅游示范县和示范点创建活动的意见》，确认38个县（市、区）为全国休闲农业与乡村旅游示范县
2013年10月	国家旅游局正式批复同意峨眉山市、桐乡市为全国旅游综合改革试点县
2014年1月	农业部和国家旅游局出台《关于开展2014年全国休闲农业与乡村旅游示范县、示范点创建工作的通知》，确认37个县（市、区）为全国休闲农业与乡村旅游示范县
2015年	全国旅游工作会议工作报告提出"深入推进旅游综合改革，扩大一批国家级旅游综合改革试点市县"；国务院发布《关于促进旅游业改革发展的若干意见》；《关于促进自驾车旅居车旅游发展的若干意见》《关于开展"国家全域旅游示范区"创建工作的通知》等出台
2016年	《"十三五"旅游业发展规划》指出，"以创新推动旅游业转型升级"
2017年	国务院办公厅出台《关于县域创新驱动发展的若干意见》，旅游局《全域旅游示范区创建工作导则》
2018年	国家发改委、财政部等四部门联合发布《促进乡村旅游发展提质升级行动方案（2018—2020）》，推动全国乡村旅游道路建设
2019年	国务院发布《关于进一步激发文化和旅游消费潜力的意见》，提高文化和旅游消费场所银行卡使用便捷度；《"十四五"旅游业发展规划》公布
2021年	文化和旅游部《关于进一步加强政策宣传　落实支持文化和旅游企业发展的通知》，释放文化和旅游消费潜力，积极拓展旅游客源市场
2022年	国家发改委、文旅部、国家文物局出台《推动革命老区红色旅游高质量发展有关方案》，提出健全红色旅游基础设施、推进红色旅游资源整合、提升红色旅游服务质量、加强红色旅游人才建设4项任务； 国家发改委、文旅部等14部委联合出台《关于促进服务业领域困难行业恢复发展的若干政策》指出，综合运用财政奖补、金融支持、项目投资、消费促进、政务服务等措施手段，帮扶旅游企业降成本、稳经营、保就业

四 2022年中国县域旅游高质量发展评价体系及测评结果

依据旅游高质量发展理念和要求，本研究课题组构建了全国县域高质量发展评价体系，对县域旅游发展水平和质量进行监测评价。为了反映县域旅游综合实力、发展潜力等方面的现状及取得的成就，本书依次建立了县域旅游综合实力研究、县域旅游发展潜力研究。虽然中国大部分市辖区也是县级行政单位，但考虑到县和市辖区之间存在较大差异，本书将县（县级市）和市辖区分开进行评价。数据来源包括各省市区统计年鉴；1866个县（市）政府工作报告；统计公报；县（市）文旅部门提供的其他数据。

（一）县域旅游综合实力评价

依据全面性、可操作性、可比性原则，引导县域增强旅游对标对表意识，比学赶超，县域旅游综合实力评价对旅游经济发展水平、政府推动作用、旅游产业综合带动功能、旅游开发与环境保护、旅游设施与服务功能、旅游质量监督与市场监管6个方面共35个指标进行评价，得分居前100位的即为2022年全国县域旅游综合实力百强县（见表3）。

表 3　　全国县域旅游综合实力研究指标体系

一级指标	二级指标
旅游经济发展水平	旅游业总收入
	旅游业总收入占所在县 GDP 的比重
	旅游业税收占县财政收入比重
	接待游客总人数
	接待过夜游客人数
政府推动作用	建立旅游专门管理机构
	旅游业纳入全县国民经济和社会发展规划
	制定所在县旅游业发展总体规划且有效实施
	政府对旅游业做出明确且重要定位
	旅游发展专项经费占地方财政预算比重
旅游产业综合带动功能	旅游直接从业人数占全县就业人口比重
	传统古村落数量
	旅游节庆活动数量
	家庭旅馆（含乡村酒店、农家乐或休闲农庄经营户）数量
	所在县旅游纪念品生产厂家数量
旅游开发与环境保护	境内国家 AAA 级及以上旅游景区数量
	所在县森林覆盖率
	建成区绿化覆盖率
	生活垃圾无害化处理率
	生活饮用水水质达标率
	绿色食品数量
	有地方特色的旅游线路数量
旅游设施与服务功能	三星级及以上酒店数量
	县境内旅行社数量
	专职和兼职导游数量
	境内是否有高铁站
	离最近的机场距离
	符合国家标准要求的旅游公共信息导向系统
	旅游咨询服务中心数量

续表

一级指标	二级指标
旅游质量监督与市场监管	旅游投诉结案率
	是否建立旅游质监机构
	主要旅游区（点）和交通集散地专职安全保卫人员数量
	主要旅游区（点）医疗救护点数量
	旅行社责任险投保率
	旅游标准化示范单位数量

具体来说，指标体系包含以下6个方面。

1. 旅游经济发展水平

包括旅游业总收入、旅游业总收入占所在县GDP的比重、旅游业税收占县财政收入比重、接待游客总人数、接待过夜游客人数5个指标，主要考量县域旅游经济总量、当地经济地位和市场规模。

2. 政府推动作用

政府的广泛干预和支持既是中国旅游发展的一大特征，也是中国旅游业迅猛发展的重要原因。主要包括建立旅游专门管理机构、旅游业纳入全县国民经济和社会发展规划、制定所在县旅游业发展总体规划且有效实施、政府对旅游业做出明确且重要定位、旅游发展专项经费占地方财政预算比重5项指标，考量当地政府对旅游的重视和支持程度。

3. 旅游产业综合带动功能

包括旅游直接从业人数占全县就业人口比重、传统古村落数量、旅游节庆活动数量、家庭旅馆（含乡村酒店、农家乐或休闲农庄经营户）数量、所在县旅游纪念品生产厂家数量 5 项指标，主要考量旅游产生富民效应，实现共同富裕。

4. 旅游开发与环境保护

包括境内国家 AAA 级及以上旅游景区数量、所在县森林覆盖率、建成区绿化覆盖率、生活垃圾无害化处理率、生活饮用水水质达标率、绿色食品数量、有地方特色的旅游线路数量 7 项指标，考量旅游资源禀赋和旅游环境。

5. 旅游设施与服务功能

包括三星级及以上酒店数量、县境内旅行社数量、专职和兼职导游数量、境内是否有高铁站、离最近的机场距离、符合国家标准要求的旅游公共信息导向系统、旅游咨询服务中心数量 7 项指标，主要考量旅游接待能力和便利程度。

6. 旅游质量监督与市场监管

主要包括旅游投诉结案率、是否建立旅游质监机构、主要旅游区（点）和交通集散地专职安全保卫人员数量、主要旅游区（点）医疗救护点数量、旅行社责任险投保率、旅游标准化示范单位数量 6 项指标，主要考量旅游服务水平。

2021 年，全国县域旅游总收入平均值为 36.18 亿元，接待游客总人数平均值为438.3万人次，相比2020年有所上升，分别恢复至2019年水平的80.95%、84.39%。

其中，旅游总收入超过200亿元的有24个县，相比2020年减少了10个县；100亿—199亿元的有116个县；50亿—99亿元的有325个县，分别比2020年增加了29个县、50个县，表明中国县域旅游整体发展水平在逐渐提高，发展前景持续看好；接待游客总人数超过2000万人次的有34个县，1000万—1999万人次的有146个县，500万—999万人次的有400个县，分别比2020年增加了7个、8个、34个县；旅游总收入超百亿且接待游客总人数超千万的超级旅游大县为114个，比2020年增加了14个。其中，四川和贵州最多，均为17个县，浙江、湖南紧随其后，分别为15个、11个，江西、云南、江苏、重庆、广西分别占9个、7个、7个、6个、6个县。

2022年全国县域旅游综合实力百强县分布在19个省份。具体分布为：浙江占35席，四川占10席，贵州、江苏、江西均占9席，湖南、云南占4席，福建占3席，安徽、河北、河南、山东、山西、重庆均占2席，甘肃、广东、广西、湖北、吉林各有1席。前十强中，浙江表现突出，占7席，浙江湖州安吉县连续四年位居全国县域旅游综合实力百强县榜首（见表4）。

表 4　　　　　2022 年全国县域旅游综合实力百强县

位次	县（市）	位次	县（市）	位次	县（市）	位次	县（市）
1	浙江安吉县	26	浙江兰溪市	51	江苏如皋市	76	湖南凤凰县
2	江苏常熟市	27	浙江永康市	52	山东滕州市	77	贵州仁怀市
3	浙江长兴县	28	浙江慈溪市	53	贵州开阳县	78	江西井冈山市
4	浙江象山县	29	云南大理市	54	江西乐平市	79	四川阆中市
5	浙江桐乡市	30	江苏丹阳市	55	浙江嵊州市	80	四川江油市
6	湖南浏阳市	31	云南景洪市	56	浙江苍南县	81	浙江玉环市
7	浙江德清县	32	浙江宁海县	57	河南登封市	82	云南香格里拉市
8	江苏昆山市	33	湖南长沙县	58	浙江缙云县	83	江西贵溪市
9	浙江义乌市	34	福建武夷山市	59	江西南昌县	84	河南栾川县
10	浙江淳安县	35	广西阳朔县	60	贵州赤水市	85	贵州荔波县
11	四川都江堰市	36	贵州兴义市	61	江西德兴市	86	四川崇州市
12	江苏宜兴市	37	湖南宁乡市	62	浙江龙游县	87	浙江龙泉市
13	浙江临海市	38	安徽青阳县	63	贵州清镇市	88	重庆奉节县
14	浙江东阳市	39	浙江新昌县	64	贵州修文县	89	重庆彭水县
15	江苏江阴市	40	贵州凯里市	65	福建晋江市	90	四川大邑县
16	浙江诸暨市	41	浙江浦江县	66	浙江永嘉县	91	甘肃敦煌市
17	江苏溧阳市	42	浙江江山市	67	浙江武义县	92	福建石狮市
18	浙江温岭市	43	浙江遂昌县	68	河北武安市	93	四川邛崃市
19	浙江海宁市	44	江苏盱眙县	69	山东沂水县	94	河北平山县
20	浙江桐庐县	45	四川峨眉山市	70	山西平遥县	95	山西介休市
21	江西庐山市	46	江西婺源县	71	浙江建德市	96	安徽泾县
22	江苏句容市	47	江西玉山县	72	湖北恩施市	97	吉林延吉市
23	浙江天台县	48	浙江余姚市	73	云南腾冲市	98	四川广汉市
24	浙江嘉善县	49	浙江仙居县	74	广东新兴县	99	江西永修县
25	四川西昌市	50	浙江平阳县	75	贵州盘州市	100	四川宣汉县

2022 年全国县域旅游综合实力百强县平均实现旅游总收入 145.3 亿元，平均接待游客总人数为 1326.27 万人次，同比分别下降了 18.46%、19.32%。

（二）县域旅游发展潜力评价

新冠疫情虽然给旅游业发展带来了损失，但也在一定程度上倒逼着人们重新审视旅游业的价值，挖掘中国旅游业发展结构性潜力。在大众日益重视休闲的背景下，旅游将更多地聚焦在周边游、本地消费等领域，此举将有助于推动形成以内循环为主的城市旅游新模式。旅游发展潜力评价是对城市旅游业系统的分析和总结。旅游发展潜力指标体系包括旅游资源潜力、旅游市场潜力、旅游开发效益、社会经济支撑条件4个方面，共20个指标。得分靠前的100个县即为2022年全国县域旅游发展潜力百佳县（见表5）。

表5　　　　全国县域旅游发展潜力研究指标体系

一级指标	二级指标
旅游资源潜力	境内国家AAA级及以上旅游景区数量
	境内国家AAA级及以上旅游景区知名度
	国家AAA级及以上旅游景区总面积
	离最近机场距离
	是否有高铁站
旅游市场潜力	接待游客总人数
	接待过夜游客人数
	人均旅游消费
	旅游重游率
	省外游客人数占比
旅游开发效益	旅游业总收入
	旅游业税收占财政收入比重
	城乡居民收入增长率
	服务业增加值占GDP比重
	从事非农业生产人口占总人口比重

续表

一级指标	二级指标
社会经济支撑条件	人均 GDP
	人均旅游业固定资产投资额
	每万人在校生数量
	人均科教文卫经费
	旅游业从业人员数量

1. 旅游发展潜力

包括境内国家 AAA 级及以上旅游景区数量、境内国家 AAA 级及以上旅游景区知名度、国家 AAA 级及以上旅游景区总面积、离最近机场距离、是否有高铁站 5 项指标

2. 旅游市场潜力

包括接待游客总人数、接待过夜游客人数、人均旅游消费、旅游重游率、省外游客人数占比 5 项指标。

3. 旅游开发效益

包括旅游业总收入、旅游业税收占财政收入比重、城乡居民收入增长率、服务业增加值占 GDP 比重、从事非农业生产人口占总人口比重 5 项指标。

4. 社会经济支撑条件

包括人均 GDP、人均旅游业固定资产投资额、每万人在校生数量、人均科教文卫经费、旅游业从业人员数量 5 项指标。

2022 年全国县域旅游发展潜力百佳县分布在 22 个省份。具体分布为：四川最多，占 14 席，广东、云南

各占9席，河北、河南、安徽、江西均占6席，广西、湖北、湖南、重庆均占5席，贵州、陕西均占4席，山东、浙江各3席，福建、江苏、山西均占2席，吉林、内蒙古、新疆、海南均占1席（见表6）。

表6　　　　2022年全国县域旅游发展潜力百佳县

位次	县（市）	位次	县（市）	位次	县（市）	位次	县（市）
1	重庆云阳县	26	广东博罗县	51	广东仁化县	76	河北辛集市
2	陕西周至县	27	安徽黟县	52	福建连城县	77	内蒙古满洲里市
3	四川彭州市	28	四川大英县	53	湖北钟祥市	78	河北香河县
4	江西弋阳县	29	四川安岳县	54	四川射洪市	79	广西容县
5	重庆巫山县	30	广东龙门县	55	河南辉县市	80	云南石林县
6	贵州桐梓县	31	浙江瑞安市	56	湖南桃江县	81	江西上栗县
7	重庆丰都县	32	贵州黔西市	57	安徽绩溪县	82	广西北流市
8	河南巩义市	33	云南楚雄市	58	重庆酉阳县	83	广西桂平市
9	四川简阳市	34	山东荣成市	59	四川绵竹市	84	安徽颍上县
10	浙江乐清市	35	安徽岳西县	60	广西兴安县	85	四川威远县
11	湖南资兴市	36	贵州镇远县	61	安徽歙县	86	四川邻水县
12	河南济源市	37	广西东兴市	62	河北迁安市	87	海南陵水县
13	江西瑞金市	38	湖北京山市	63	云南弥勒市	88	广东佛冈县
14	四川仁寿县	39	山西泽州县	64	云南罗平县	89	江苏兴化市
15	湖北利川市	40	江苏东台市	65	福建永泰县	90	山东齐河县
16	陕西神木市	41	河南林州市	66	广东连州市	91	吉林敦化市
17	湖南宁远县	42	江西铅山县	67	广东揭西县	92	四川青川县
18	浙江开化县	43	陕西华阴市	68	四川康定市	93	湖北丹江口市
19	河北正定县	44	广东惠东县	69	贵州绥阳县	94	四川古蔺县
20	河南鲁山县	45	山东沂南县	70	河北井陉县	95	湖北麻城市
21	广东台山市	46	河北涉县	71	云南安宁市	96	云南澄江市
22	陕西蓝田县	47	湖南吉首市	72	江西鄱阳县	97	湖南新化县
23	山西阳城县	48	江西浮梁县	73	四川长宁县	98	云南广南县
24	广东英德市	49	新疆乌鲁木齐县	74	安徽潜山市	99	四川洪雅县
25	河南修武县	50	云南元谋县	75	重庆垫江县	100	云南武定县

（三）计算方法

1. 单项指标得分计算

本研究使用 min-max 标准化方法对原始数据进行标准化。

$$a_{ij} = \frac{x_{ij} - \min(x_{1j}, x_{2j}, \cdots, x_{nj})}{\max(x_{1j}, x_{2j}, \cdots, x_{nj}) - \min(x_{1j}, x_{2j}, \cdots, x_{nj})} \quad (1)$$

式（1）中，x_{ij} 为第 i 个城市 j 指标的原始数值，a_{ij} 为标准化后的数值，即 i 城市在 j 指标上的得分。

2. 综合得分计算

本研究依据德尔菲法对评价体系各项指标进行分层赋权，各城市的综合得分等于分项指标乘以各自权重之和。

$$A_i = \sum a_{ij} \times p_j \quad (2)$$

式（2）中，a_{ij} 是 i 城市在 j 指标上的得分，P_j 为指标 j 的权重，A_i 为 i 城市的综合得分。

3. 综合排序

本研究依据各县域的综合得分，从高到低进行排序。

2022年中国市辖区旅游高质量发展研究报告

市辖区是中国人口最密集、消费能力最强的空间单元，旅游资源禀赋突出，旅游设施完善，既是重要的客源地也是重要的目的地，是中国旅游业高质量发展的重要支撑。为客观评价中国市辖区旅游发展水平和发展质量，全面表征中国市辖区旅游的发展背景、本质特征和价值目标解读，总结市辖区旅游一般性发展规律，探索市辖区旅游迈向高质量发展新阶段的路径，不断丰富、完善市辖区旅游的理论研究体系，全国市辖区旅游研究课题组、北京华夏佰强旅游咨询中心构建了中国市辖区旅游发展研究指标体系，并已经连续三年发布全国市辖区旅游研究报告。

依据旅游高质量发展理念和要求，研究课题组构建了全国市辖区高质量发展评价体系，对市辖区旅游发展水平和质量进行监测评价。为了反映市辖区旅游综合实力、发展潜力等方面的现状及取得的成就,课题组依次建立了市辖区旅游综合实力研究、市辖区旅游发展潜力研究。2022年全国市辖区旅游研究对象为中国大陆地区的977个市辖区,研究数据来源为各市辖区政府工作报告、统计公报、旅游公报等公开渠道数据和课题组调研所得数据。

一 市辖区旅游综合实力评价

依据全面性、可操作性、可比性原则,引导市辖区增强旅游对标对表意识,比学赶超,市辖区旅游综合实力评价对旅游经济发展水平、政府推动作用、旅游产业综合带动功能、旅游开发与环境保护、旅游设施与服务功能、旅游质量监督与市场监管6个方面共38个指标进行评价,得分居前100位的即为2022年全国市辖区旅游综合实力百强区(见表1)。

表1 全国市辖区旅游综合实力研究指标体系

一级指标	二级指标
旅游经济 发展水平	旅游业总收入
	旅游业总收入占所在城市GDP的比重
	旅游业税收占区级财政收入比重
	年接待游客总人数
	年接待过夜游客总人数
	旅游业外汇收入

续表

一级指标	二级指标
旅游经济发展水平	入境游客人数
	第三产业增加值占GDP比重
	年接待游客总人数与常住人口之比
政府推动作用	是否建立旅游专门管理机构
	是否对旅游业发展有明确且重要地位
	旅游发展专项经费占地方财政预算比重
	是否制定所在区域旅游业发展总体规划且有效实施
旅游产业综合带动功能	旅游直接从业人数占全区就业人口比重
	人均旅游消费
	旅游节庆活动数量
	酒店客房月平均出租率
	旅游相关企业数量
旅游开发与环境保护	境内国家AAA级及以上旅游景区数量
	工业旅游示范点数量
	农业旅游示范点数量
	建成区绿化覆盖率
	生活垃圾无害化处理率
	生活饮用水水质达标率
	绿色食品数量
	有地方特色的旅游线路数量
旅游设施与服务功能	三星级及以上酒店数量
	域内旅行社数量
	专职和兼职导游数量
	境内是否有高铁站
	离最近的机场距离
	是否建立符合国家标准要求的旅游公共信息导向系统
	旅游咨询服务中心数量
旅游质量监督与市场监管	旅游投诉结案率
	是否建立旅游质监机构
	主要旅游区（点）和交通集散地专职安全保卫人员数量

续表

一级指标	二级指标
旅游质量监督与市场监管	主要旅游区（点）医疗救护点数量
	旅行社责任险投保率

具体来看，指标体系包含以下6个方面。

1. 旅游经济发展水平

包括旅游业总收入、旅游业总收入占所在城市GDP的比重、旅游业税收占区级财政收入比重、年接待游客总人数、年接待过夜游客总人数、旅游业外汇收入、入境游客人数、第三产业增加值占GDP比重、年接待游客总人数与常住人口之比9个指标，具体考量市辖区旅游发展水平和质量。

2. 政府推动作用

包括是否建立旅游专门管理机构、是否对旅游业发展有明确且重要地位、旅游发展专项经费占地方财政预算比重、是否制定所在区域旅游业发展总体规划且有效实施4项指标。

3. 旅游产业综合带动功能

包括旅游直接从业人数占全区就业人口比重、人均旅游消费、旅游节庆活动数量、酒店客房月平均出租率、旅游相关企业数量5项指标。

4. 旅游开发与环境保护

包括境内国家AAA级及以上旅游景区数量、工业旅游示范点数量、农业旅游示范点数量、建成区绿化覆盖率、生活垃圾无害化处理率、生活饮用水水质达标率、绿色食品数量、有地方特色的旅游线路数量8项指标。

5. 旅游设施与服务功能

包括三星级及以上酒店数量、域内旅行社数量、专职和兼职导游数量、境内是否有高铁站、离最近的机场距离、是否建立符合国家标准要求的旅游公共信息导向系统、旅游咨询服务中心数量7项指标。

6. 旅游质量监督与市场监管

包括旅游投诉结案率、是否建立旅游质监机构、主要旅游区（点）和交通集散地专职安全保卫人员数量、主要旅游区（点）医疗救护点数量、旅行社责任险投保率5项指标。

2022年全国市辖区旅游综合实力百强区分布在18个省份，浙江最多，占17席；江苏其次，占14席；四川、重庆各占9席；广东8席、湖南7席、贵州和山东均占6席、陕西5席，全在西安；安徽、云南均占4席；福建3席，北京和江西均为2席；天津、广西、海南和湖北各1席。2022年旅游综合实力百强区平均接待游客总人数2388.2万人次，平均实现旅游总收入242亿元。福建厦门市思明区连续三年位居全国市辖区旅游综合实力百强区榜首。前十强中，南方占8席（见表2）。

表 2　　2022 年全国市辖区旅游综合实力百强区

位次	市辖区	位次	市辖区
1	福建厦门市思明区	33	湖南张家界市永定区
2	北京市海淀区	34	湖南长沙市雨花区
3	江苏南京市秦淮区	35	陕西西安市雁塔区
4	陕西西安市莲湖区	36	四川成都市武侯区
5	重庆市渝中区	37	江苏无锡市滨湖区
6	广东广州市越秀区	38	四川成都市青羊区
7	浙江舟山市普陀区	39	四川成都市成华区
8	贵州贵阳市南明区	40	湖南长沙市开福区
9	贵州贵阳市云岩区	41	浙江宁波市海曙区
10	浙江绍兴市柯桥区	42	四川成都市锦江区
11	广东广州市番禺区	43	云南昆明市五华区
12	北京市朝阳区	44	浙江温州市鹿城区
13	江苏南京市江宁区	45	山东青岛市黄岛区
14	云南昆明市官渡区	46	浙江湖州市吴兴区
15	浙江杭州市上城区	47	浙江湖州市南浔区
16	广东惠州市惠城区	48	四川成都市金牛区
17	福建福州市鼓楼区	49	浙江杭州市临安区
18	江苏苏州市姑苏区	50	湖南张家界市武陵源区
19	浙江杭州市西湖区	51	陕西西安市临潼区
20	云南昆明市西山区	52	天津市和平区
21	贵州贵阳市花溪区	53	江苏无锡市梁溪区
22	江苏苏州市吴江区	54	海南三亚市海棠区
23	浙江宁波市鄞州区	55	湖南长沙市天心区
24	陕西西安市碑林区	56	广东佛山市顺德区
25	福建厦门市湖里区	57	安徽合肥市包河区
26	江苏苏州市吴中区	58	江苏南京市鼓楼区
27	浙江宁波市奉化区	59	山东济南市历下区
28	四川乐山市市中区	60	重庆市南岸区
29	浙江杭州市萧山区	61	重庆市武隆区
30	江苏常州市武进区	62	广东广州市荔湾区
31	浙江杭州市余杭区	63	广东佛山市南海区
32	湖南长沙市芙蓉区	64	江苏南京市建邺区

续表

位次	市辖区	位次	市辖区
65	广西南宁市青秀区	83	重庆市涪陵区
66	贵州安顺市西秀区	84	重庆市九龙坡区
67	贵州遵义市汇川区	85	山东日照市东港区
68	广东广州市增城区	86	浙江舟山市定海区
69	陕西西安市长安区	87	重庆市永川区
70	重庆市巴南区	88	浙江绍兴市越城区
71	江西上饶市信州区	89	浙江宁波市江北区
72	重庆市北碚区	90	贵州铜仁市碧江区
73	重庆市黔江区	91	江苏南京市高淳区
74	山东泰安市泰山区	92	安徽黄山市屯溪区
75	广东江门市新会区	93	四川成都市双流区
76	山东青岛市崂山区	94	江苏徐州市泉山区
77	江苏南京市溧水区	95	安徽宣城市宣州区
78	浙江绍兴市上虞区	96	江苏南京市浦口区
79	湖南长沙市岳麓区	97	四川南充市顺庆区
80	江西赣州市章贡区	98	四川广安市广安区
81	云南昆明市盘龙区	99	山东济南市章丘区
82	安徽池州市贵池区	100	湖北襄阳市襄城区

二 市辖区旅游发展潜力评价

城市旅游发展潜力是指作为旅游目的地的城市在旅游资源、旅游市场、社会经济支撑条件等诸因素的综合作用下，在与其他城市的竞争中所体现出来的潜在的、能够发挥出来并能促进旅游产业持续发展的能力，是城市旅游业生命得以延续的关键因素。旅游发展潜力评价是对城市旅游业系统进行分析和总结。旅游发展潜力指标体系包含旅游资源潜力、旅游市场潜力、旅游开发效益、社会经济支撑条件4个方面，共22个指标。得分靠前的100个区即为2022年全国市辖区旅游发展潜力百佳区（见表3）。

表3　　　　全国市辖区旅游发展潜力研究指标体系

一级指标	二级指标
旅游资源潜力	境内国家AAA级及以上旅游景区数量
	境内国家AAA级及以上旅游景区知名度
	国家AAA级及以上旅游景区总面积
	离最近机场距离
	是否有高铁站
旅游市场潜力	接待游客总人数
	接待过夜游客人数
	人均旅游消费
	接待游客人数增长率
	旅游重游率
	省外游客人数占比
	旅游相关企业数量
旅游开发效益	旅游业总收入
	旅游业税收占财政收入比重
	城乡居民收入增长率
	第三产业增加值占GDP比重
社会经济支撑条件	人均GDP
	人均旅游业固定资产投资额
	每万人在校学生数量
	每万人拥有公交车数量
	人均科教文卫经费
	旅游业从业人员数量占总人口比重

1. 旅游资源潜力

包含境内国家 AAA 级及以上旅游景区数量、境内国家 AAA 级及以上旅游景区知名度、国家 AAA 级及以上旅游景区总面积、离最近机场距离、是否有高铁站 5 项指标。

2. 旅游市场潜力

包含接待游客总人数、接待过夜游客人数、人均旅游消费、接待游客人数增长率、旅游重游率、省外游客人数占比、旅游相关企业数量 7 项指标。

3. 旅游开发效益

包含旅游业总收入、旅游业税收占财政收入比重、城乡居民收入增长率、第三产业增加值占 GDP 比重 4 项指标。

4. 社会经济支撑条件

包含人均 GDP、人均旅游业固定资产投资额、每万人在校学生数量、每万人拥有公交车数量、人均科教文卫经费、旅游业从业人员数量占总人口比重 6 项指标。

2022 年全国市辖区旅游发展潜力百佳区分布在 21 个省份。具体分布为：四川最多，占 14 席；江苏其次，10 席；湖北和重庆均占 8 席；广西、江西各 7 席；福建、浙江各 6 席；安徽、贵州和山东各 5 席；湖南 4 席；广东、陕西和河北均为 3 席；北京、河南、辽宁、上海、宁夏和云南都是1席。湖北武汉市黄陂区位居2022年全国市辖区旅游发展潜力百佳区榜首（见表4）。

表4   2022年全国市辖区旅游发展潜力百佳区

位次	市辖区	位次	市辖区
1	湖北武汉市黄陂区	28	重庆市合川区
2	陕西西安市未央区	29	浙江台州市椒江区
3	广东佛山市禅城区	30	江苏常州市金坛区
4	湖北宜昌市夷陵区	31	安徽黄山市黄山区
5	江苏南京市玄武区	32	重庆市沙坪坝区
6	贵州遵义市红花岗区	33	湖北十堰市茅箭区
7	江西景德镇市昌江区	34	江苏常州市天宁区
8	湖南长沙市望城区	35	浙江温州市瓯海区
9	辽宁大连市中山区	36	四川成都市温江区
10	四川成都市新津区	37	江苏连云港市海州区
11	福建厦门市集美区	38	四川成都市郫都区
12	江苏常州市新北区	39	广西南宁市兴宁区
13	广东广州市从化区	40	山东青岛市即墨区
14	江苏南京市六合区	41	福建泉州市鲤城区
15	重庆市南川区	42	四川成都市新都区
16	浙江衢州市柯城区	43	四川遂宁市船山区
17	湖北宜昌市西陵区	44	四川广元市利州区
18	贵州贵阳市乌当区	45	河南三门峡市陕州区
19	四川成都市龙泉驿区	46	湖北襄阳市樊城区
20	湖南怀化市鹤城区	47	重庆市江北区
21	四川宜宾市翠屏区	48	浙江杭州市滨江区
22	陕西西安市鄠邑区	49	广西百色市右江区
23	重庆市大足区	50	贵州遵义市播州区
24	北京市通州区	51	山东威海市环翠区
25	重庆市渝北区	52	福建厦门市同安区
26	山东济南市槐荫区	53	广东肇庆市端州区
27	上海市崇明区	54	福建漳州市芗城区

续表

位次	市辖区	位次	市辖区
55	重庆市璧山区	78	湖北武汉市蔡甸区
56	安徽亳州市谯城区	79	四川眉山市东坡区
57	广西贺州市八步区	80	四川广元市昭化区
58	贵州六盘水市钟山区	81	江苏淮安市淮安区
59	江西新余市渝水区	82	陕西榆林市榆阳区
60	浙江嘉兴市南湖区	83	四川泸州市纳溪区
61	江西宜春市袁州区	84	江西九江市柴桑区
62	广西玉林市玉州区	85	宁夏银川市西夏区
63	重庆市綦江区	86	安徽六安市金安区
64	福建南平市延平区	87	四川自贡市大安区
65	四川绵阳市安州区	88	江西抚州市临川区
66	福建龙岩市新罗区	89	广西桂林市雁山区
67	浙江宁波市北仑区	90	山东枣庄市台儿庄区
68	湖南郴州市北湖区	91	四川乐山市沙湾区
69	江西上饶市广信区	92	湖南衡阳市南岳区
70	湖北十堰市郧阳区	93	江苏徐州市贾汪区
71	广西北海市银海区	94	河北邢台市信都区
72	云南保山市隆阳区	95	河北邯郸市峰峰矿区
73	贵州贵阳市观山湖区	96	安徽芜湖市湾沚区
74	广西梧州市万秀区	97	江西吉安市吉州区
75	山东聊城市东昌府区	98	安徽滁州市南谯区
76	江苏淮安市清江浦区	99	湖北鄂州市梁子湖区
77	河北石家庄市新华区	100	江苏盐城市亭湖区

三 计算方法

1. 单项指标得分计算

本研究使用 min-max 标准化方法对原始数据进行标准化。

$$a_{ij} = \frac{x_{ij} - \min(x_{1j}, x_{2j}, \cdots, x_{nj})}{\max(x_{1j}, x_{2j}, \cdots, x_{nj}) - \min(x_{1j}, x_{2j}, \cdots, x_{nj})} \quad (1)$$

式（1）中，x_{ij} 为第 i 个城市 j 指标的原始数值，a_{ij} 为标准化后的数值，即 i 城市在 j 指标上的得分。

2. 综合得分计算

本研究依据德尔菲法对评价体系各项指标进行分层赋权，各城市的综合得分等于分项指标乘以各自权重之和。

$$A_i = \sum a_{ij} \times p_j \quad (2)$$

式（2）中，a_{ij} 是 i 城市在 j 指标上的得分，P_j 为指标 j 的权重，A_i 为 i 城市的综合得分。

3. 综合排序

本研究依据各市辖区的综合得分，从高到低进行排序。

专项报告

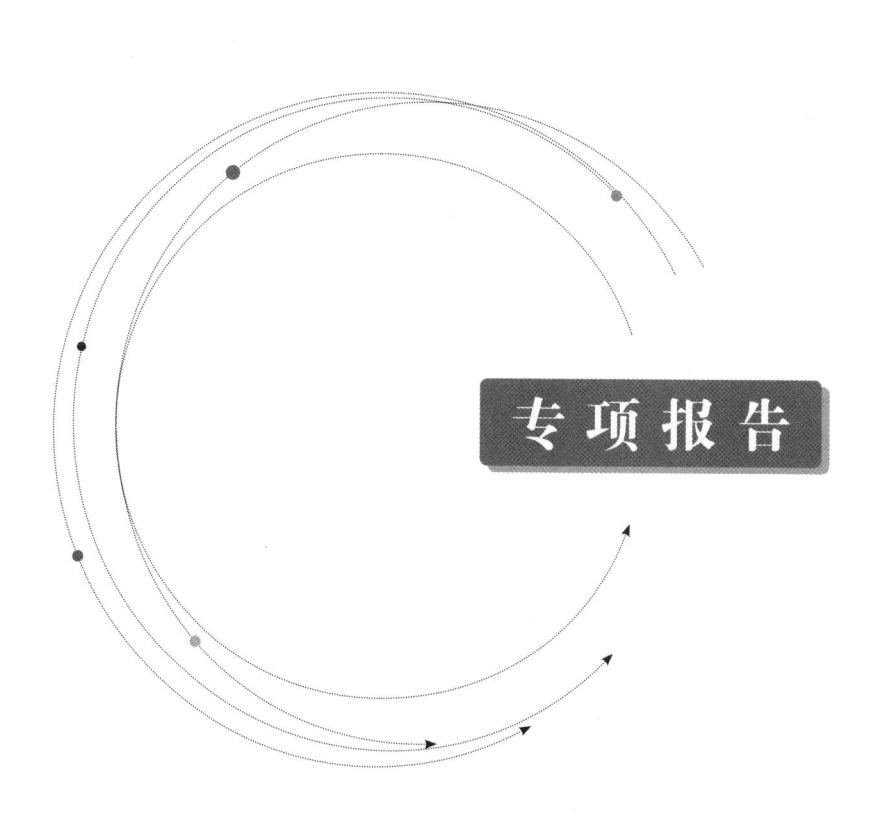

浙江省旅游高质量发展研究报告

浙江位于中国东南沿海、长江三角洲南部，东临东海，南接福建，西与江西、安徽相连，北与上海、江苏接壤，下辖杭州、宁波、温州、嘉兴、湖州、绍兴、金华、衢州、舟山、台州、丽水11个地级及以上市，其中杭州、宁波（计划单列市）为副省级城市；90个县级行政区，包含37个市辖区、20个县级市、32个县、1个自治县。陆域面积10.55万平方千米，自然地貌具有"七山一水两分田"特点，即山地占全部陆域面积的74.6%，水面占5.1%，平地占20.3%；海域面积26万平方千米，岛屿众多，其海岛数量在全国省份中位居第一。地处亚热带中部，属季风湿润气候，气温适中，四季分明，光照充足，降雨丰沛。

浙江旅游资源丰富，自然风光与人文景观兼具，历史韵味与现代风情相融，风景名胜、历史名城、文创新址交错纵横，旅游产业发达，旅游氛围合宜，每年吸引众多国内外游客到访。2021年浙江旅游业表现依旧亮眼，在新冠疫情后总体呈现复苏态势。全省26个山区县有22个县旅游增加值占GDP的比重超8%，成为主导产业。主要措施有：首先，抓海洋旅游，支持海岛县发展，制订《浙江省海洋旅游发展行动计划（2021—2025）》，出台《海岛公园推进办法》，推动上海—舟山—温州—厦门—深圳贯穿省内邮轮航线通过审批，十大海岛公园在建项目229个，总投资1948.5亿元，累计完成投资1112.9亿元。其次，促城乡一体发展。抓好国家全域旅游示范省建设，累计66个县（市、区）创成省级全域旅游示范县，其中国家级8个（全国第一）；持续推进"百千万"工程，景区城、景区镇、景区村覆盖率分别达70%、56.7%、56.5%；累计建成5A级景区19家（全国第二）、国家级旅游度假区6家（全国第一）。①

一 浙江地级市旅游发展概况

浙江下辖11个地级及以上城市，其2021年旅游发展主要数据如表1所示。

---

① 《浙江省文化和旅游厅2021年工作总结和2022年工作思路》，浙江省文化和旅游厅，2022年4月1日，http://ct.zj.gov.cn/art/2022/4/1/art_1643509_59010037.html。

表 1　　2021 年浙江地级及以上城市旅游发展主要数据

序号	地级及以上城市	下辖区、县数量（个）	旅游总收入（亿元）	接待游客（万人）
1	杭州	13	1524.18	8951.8
2	宁波	10	838.8	5155.9
3	温州	12	657.1	4957.8
4	嘉兴	7	503.54	3218.72
5	湖州	5	1390	4335
6	绍兴	6	380.8	2757.8
7	金华	8	683.6	4331.3
8	衢州	6	177.4	1437.2
9	舟山	4	170.5	1244.2
10	台州	9	423.97	3602.12
11	丽水	9	288.4	2556.5

从表 1 可见，2021 年浙江旅游总收入超过千亿规模的地级及以上城市有 2 个，分别为杭州、湖州，其中杭州以 1524.18 亿元排名首位，湖州以 1390 亿元位居第二；500 亿—1000 亿元收入的地级市有 4 个，它们是宁波、温州、嘉兴、金华，其中温州市 2021 年旅游收入达到 800 亿元以上，金华和温州超过 600 亿元，分列 2021 年浙江旅游总收入第三、第四和第五位；旅游总收入 500 亿元规模以下的地级市有 5 个，分别为绍兴、衢州、舟山、台州和丽水。

在接待游客数量上，杭州一枝独秀，领跑全省，2021 年接待游客总数接近 9000 万人次；宁波、温州紧随其后，其中宁波为 5155.9 万人次，温州为 4957.8 万人次；按游客数量从高到低排序为湖州、金华、台州、嘉兴、绍兴、丽水分列第四至九位，其游客规模在 2500 万—5000 万人次；低于 2000 万游客数量的地级市有 2 个，分别为衢州和舟山。

受新冠疫情影响，2021 年浙江省 11 个地级市在旅游总收入这个指标上，除了湖州出现正增长以外，其余 10 个地级市全部同比下降，降幅最大的是舟山市，同比下降了 80.4%，台州下降了 66%，绍兴下降了 64%，宁波、嘉兴、衢州、溧水、杭州降幅也都在 50% 以上，温州和金华降幅分别为 49% 和 47.35%。

二 浙江市辖区旅游发展概况

浙江有 37 个市辖区，其 2021 年旅游发展主要数据分布如图 1 所示。

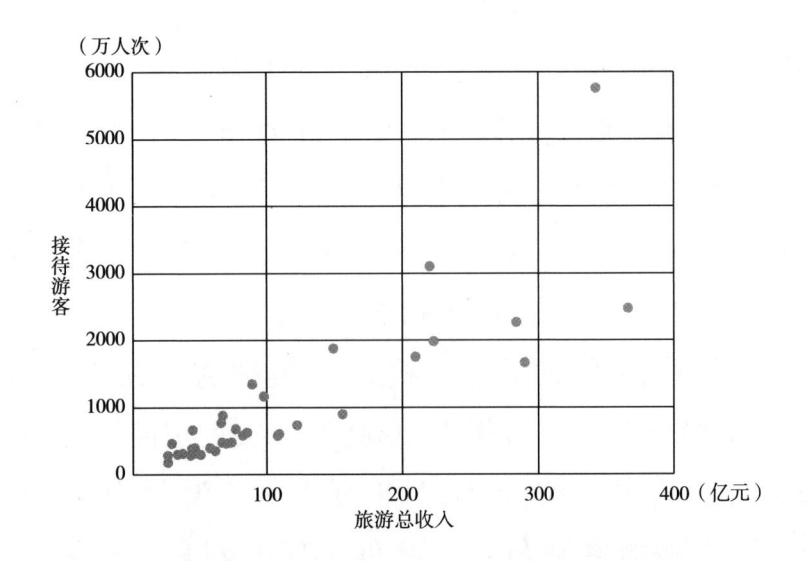

图 1　2021 年浙江市辖区旅游发展主要数据分布

浙江37个市辖区2021年实现旅游总收入3987.4亿元，平均旅游收入107亿元左右，其中舟山普陀区、杭州上城区分别以366.0亿元、342.6亿元超过300亿元的收入规模，居2021年浙江市辖区旅游收入第一、第二位；有10个市辖区旅游收入在100亿—300亿元之间，它们是越城区（绍兴）、鄞州区（宁波）、海曙区（宁波）、吴兴区（湖州）、南浔区（湖州）、余杭区（杭州）、萧山区（杭州）、西湖区（杭州）、临安区（杭州）以及富阳区（杭州）；另有25个市辖区旅游收入在100亿元以下，约占浙江全部市辖区的67.6%；杭州是拥有100亿元以上旅游收入辖区数量最多的地级市，其下辖10个区中有6个市区旅游收入超过100亿元。

2021年浙江市辖区接待游客约3.64亿人次，其中普陀区（舟山）、越城区（绍兴）、海曙区（宁波）、吴兴区（湖州）、南浔区（湖州）、萧山区（杭州）、西湖区（杭州）、上城区（杭州）、拱墅区（杭州）及滨江区（杭州）10个市辖区接待游客规模超过千万人次；从地级市分布上看，10个市辖区中，5个在杭州，2个在湖州，各有1个在宁波、舟山、绍兴；接待游客数量超过3000万人次的市辖区有2个，它们是杭州的上城区和湖州的吴兴区，其游客数量分别达到3750万人次、3105.2万人次。

与 2020 年相比，2021 年旅游总收入与游客数量两项数据均呈现正向增长的浙江市辖区有 6 个，分别为舟山普陀区、绍兴越城区、湖州吴兴南浔两区以及杭州拱墅滨江两区；宁波海曙区、嘉兴秀洲区、杭州西湖区、杭州上城区 4 区的旅游收入与接待游客表现出"一负一正"的同比变化特点，即与 2020 年相比，上述 4 区的旅游收入有所减少，然而接待游客却呈现上升的现象，形成这一现象的原因可能与游客类别、游客消费能力、旅游政策等因素相关；除杭州钱塘、临平两区部分数据缺漏外，其余 25 个浙江市辖区旅游总收入、接待游客相较 2020 年均有所下降，其中旅游收入下降比例最高的是丽水莲都区。

三 浙江县级市、县旅游发展概况

浙江下辖 20 个县级市、33 个县，其中景宁畲族自治县为自治县，本次不纳入统计分析范围，图 2 为浙江 52 个县级市、县旅游发展主要数据情况。

浙江 52 个县级市、县 2021 年实现旅游总收入 4803.4 亿元，同比增长 34.8%，接待游客 43475.5 万人次，同比增长 7.4%。

2021 年浙江 52 县级市、县实现平均旅游收入 92.4 亿元，其中超过 100 亿元规模的达 21 个，接近全

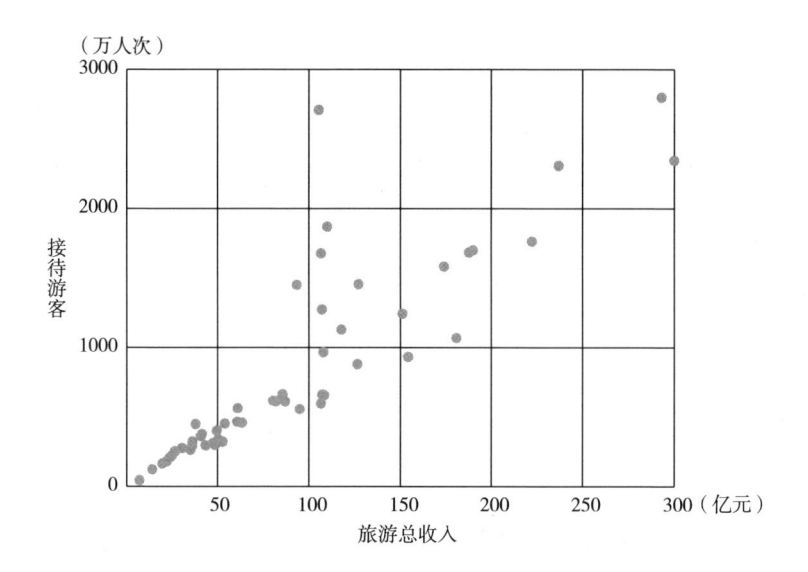

图 2　2021 年浙江县级市、县旅游发展主要数据分布

部县级市、县数量的一半；浙江安吉县 2021 年旅游总收入 365.7 亿元，拔得头筹，长兴县紧随其后。百亿旅游收入以下的县级市、县 31 个。

在游客方面，2021 年浙江县级市、县实现接待人次超过 1000 万的计 16 个，其中超过 2000 万人次的有 3 个，按游客规模从高到低依次是湖州安吉县、宁波象山县、湖州长兴县，其接待游客数量分别达到 2800 万人次、2710 万人次、2344 万人次；36 个县级市、县接待游客在 1000 万以下，占浙江全部县级市、县数量的 69.2%。

在同比变化方面，2021 年浙江 52 个县级市、县较 2020 年旅游总收入和接待游客数量均有增长的有 32

个，其中台州天台县和嘉兴海宁市增长较为明显；8个县级市、县旅游总收入和接待游客同比 2020 年均有下降，它们是瑞安市（温州）、龙港市（温州）、诸暨市（绍兴）、嵊州市（绍兴）、象山县（宁波）、浦江县（金华）、德清县（湖州）以及桐庐县（杭州），其中温州龙港市下降幅度最为明显，跌幅分别达到 -80.6% 和 -91.7%。

四　浙江市辖区、县旅游发展比较

2021 年浙江 37 个市辖区与 52 个县级市、县旅游总收入、接待游客数量以及较 2020 年同比变化三项数据比较如表 2 所示。

表 2　2021 年浙江市辖区、县级市和县旅游发展主要数据比较

数据类别	数据项	市辖区数量（个）	市辖区中占比（%）	县级市、县数量（个）	县中占比（%）
旅游总收入（亿元）	>300	2	5.4	0	0
	300（含）—200	5	13.5	4	7.7
	200（含）—100（含）	5	13.5	17	32.7
	<100	25	67.6	31	59.6
接待游客（万人次）	>3000	2	5.4	0	0
	3000（含）—2000	2	5.4	4	7.7
	2000（含）—1000（含）	6	16.2	12	23.1
	<1000	27	73.0	36	69.2

续表

数据类别	数据项	市辖区数量（个）	市辖区中占比（%）	县级市、县数量（个）	县中占比（%）
较上年同比（%）	均"+"	6	16.2	32	61.5
	均"-"	25	67.6	8	15.4
	"+""-"	4	10.8	12	23.1

注：均"+"表示旅游总收入、接待游客均有增长；均"-"表示旅游总收入、接待游客均有下降；"+""-"表示旅游总收入、接待游客有升有降。

在2021年浙江旅游总收入、接待游客实现10.8%、8.8%的同比增长之中，52个县级市、县的旅游收入和接待游客同比增长分别达到了34.8%和7.4%，也就意味着，对于浙江2021年全年旅游发展而言，县级市、县在其中贡献了更多的旅游收入增长，市辖区则在接待游客增长上具有更为突出的表现。

具体来看，在2021年浙江旅游总收入一项中，市辖区实现收入3987.4亿元，平均收入107亿元，县级市、县实现收入4803.4亿元，平均收入92.4亿元。在区间分布上，超过一半的市辖区和县级市、县总收入在100亿元以下，各自占比分别为67.6%和59.6%；200亿（含）—100亿（含）元的市辖区5个，县级市、县17个，对应占比13.5%和32.7%；200亿元以上的市辖区7个，县级市、县4个，其中有2个市辖区旅游收入规模超过300亿元。可见，在2021年浙江旅游收入规模上，市辖区旅游发展整体水平略高于县级市、县；而在旅游收入区间分布上，相较于市辖区的头部效应，县级市、县之间的旅游发展水平更为均衡。

2021年浙江市辖区接待游客共计3.6亿人次，县级市、县共计4.3亿人次。实现2000万人次接待以上的市辖区、县级市和县各4个，分别在所在行政区中占比10.8%和7.7%，其中有2个市辖区接待规模超过3000万人次；2000万—1000万人次之间的市辖区6个，县级市、县12个；73.0%和69.2%的市辖区和县级市、县接待游客低于1000万，其数量分别为27个和36个。

与2020年相比，2021年浙江各地区旅游发展同比变化具有较大差异，超过一半以上的市辖区遭受了旅游收入与接待游客的双双下降，与之相反的是，61.5%的县级市、县取得了旅游收入与接待游客的双双提升。分解来看，2021年浙江旅游总收入、接待游客均实现正增长的市辖区6个、县级市和县32个；两项数据同时出现下降的市辖区25个、县级市和县8个；各有正负变化的市辖区4个、县级市和县12个。

福建省旅游高质量发展研究报告

福建地处中国东南沿海，东北与浙江毗邻，西北与江西接界，西南与广东相连，东南隔台湾海峡与台湾相望。下辖福州、厦门、漳州、泉州、三明、莆田、南平、龙岩、宁德9个地级及以上城市；31个市辖区、11个县级市、42个县（含金门县），合计84个县级市。陆地面积12.4万平方千米，海域面积13.6万平方千米；陆地海岸线3752千米，可建万吨级泊位深水自然岸线501千米，岸线曲折，港湾众多，岛屿遍布。地跨闽江、晋江、九龙江、汀江四大水系，河网密布，水力资源蕴藏量丰富。地势西北高、东南低，呈"依山傍海"态势，地貌以山地、丘陵为主，约占全省总面积的90%。靠近北回归线，属亚热带海洋性季风气候，雨量充沛，光照充足，气候区域差异和垂直差异明显。生态环境优越，拥有国内六大林区之一，森林覆盖率达66.8%，长期保持全国首位。

福建旅游资源丰富,风情独特,是全国第二个每个区市都有国家 5A 级旅游景区的省份。根据《2021年福建省国民经济和社会发展统计公报》,2021 年福建实现旅游总收入 4894 亿元,接待游客约 4.1 亿人次。其中,国内旅游收入 4862.34 亿元,比 2020 年增长 5.3%,国际旅游外汇收入 4.92 亿美元,下降76.2%;接待国内旅游人数 40680.51 万人次,增长15.6%,接待入境游客 65.11 万人次,下降 71.7%。

一 福建地级市旅游发展概况

福建下设 9 个地级行政区,表 1 为 9 市 2021 年旅游发展基本情况。

表 1　2021 年福建地级及以上城市旅游发展主要数据

序号	地级及以上城市	下辖区、县数量(个)			旅游总收入(亿元)	接待游客(万人次)
		合计	市辖区	县级市、县		
1	福州市	13	6	7	719.48	8958.87
2	厦门市	6	6	0	1301.00	8940.00
3	莆田市	5	4	1	157.00	2191.00
4	三明市	11	2	9	349.37	4350.11
5	泉州市	12	4	8	697.47	6676.41
6	漳州市	11	4	7	555.52	5153.00
7	南平市	10	2	8	546.23	1546.93
8	龙岩市	7	2	5	459.27	4799.29
9	宁德市	9	1	8	60.72	695.72

注:泉州市统计中的旅游收入、接待游客项未包括金门县数据,下文县级市、县相关统计也不含金门县数据。

福建9个地级市共计84个区县，5个地级市区县数量在10个以上，福州市是拥有区县数量最多的地级市，达到13个，莆田市区县数量最少，只有5个，从内部构成来看，三明市下辖9个县级市、县，为省内地级市所辖县数之首，福州、厦门两市则以6个市辖区成为省内地级市所设区数之最，其中厦门市市辖区占比达到100%。

旅游收入数据方面，厦门市2021年实现旅游总收入1301亿元，居全省首位；福州市紧随其后，旅游总收入达到719.48亿元；泉州市、漳州市分别以697.47亿元、555.52亿元列第三、第四位；南平、龙岩两市2021年旅游总收入都超过了450亿元，分别为546.23亿元和459.27亿元；位列第七至九的地级市依次是三明市、莆田市和宁德市，其旅游总收入分别为349.37亿元、157亿元和60.72亿元。

在接待游客人数上，福州市和厦门市不相上下，分别为8958.87万人次、8940万人次；泉州市、漳州市、龙岩市分列第三至第五位，2021年接待游客分别达到6676.41万人次、5153万人次和4799.29万人次；其余的地级市，由高到低依次是三明市、莆田市、南平市和宁德市，接待游客分别为4350.11万人次、2191万人次、1546.93万人次和695.72万人次。

两项数据结合来看，厦门市、福州市、泉州市处于省内旅游发展第一梯队，其中尤以厦门市表现突出，旅游总收入、接待游客数量均居省前两位；漳州市、龙岩市、漳州市处于省内旅游发展第二梯队；三明、宁德、莆田三市旅游发展处于省内第三梯队。

二　福建市辖区旅游发展概况

福建省共计 31 个市辖区，福州市、厦门市各 6 个，莆田市、漳州市、泉州市各 4 个，三明市、南平市、龙岩市各 2 个，宁德市 1 个。

2021 年福建 31 个市辖区实现旅游收入 2994.6 亿元，接待游客 2.9 亿人次，其数据分布情况如图 1 所示。

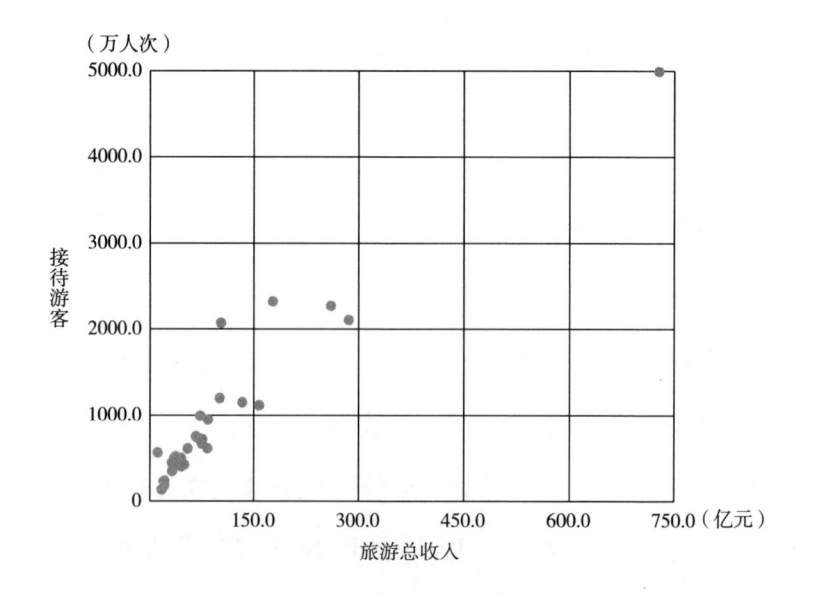

图 1　2021 年福建市辖区旅游发展主要数据分布

市辖区范围，2021 年旅游总收入主要集中在 150 亿元以下，有 5 个区旅游总收入超过 150 亿元，分别是芗城区（漳州市）、思明区（厦门市）、湖里区（厦门市）、延平区（南平市）以及鼓楼区（福州市），排名前两位的市辖区均来自厦门市，其中，思明区以 580 亿元居 2021 年福建市辖区旅游总收入首位，是第二位湖里区旅游总收入（285.8 亿元）的两倍之多；延平区、鼓楼区、芗城区分别以 259.8 亿元、177.1 亿元和 157.7 亿元列省内市辖区旅游总收入第三至第五位；26 个市辖区 2021 年旅游总收入在 150 亿元以下，其中集美区（厦门市）、新罗区（龙岩市）、晋安区（福州市）旅游总收入达到 100 亿元规模，分别为 102.0 亿元、133.0 亿元和 100.0 亿元。

2021 年福建游客接待达到 2000 万人次规模的市辖区有 5 个，其中高于 3000 万人次接待的有 1 个，为厦门市思明区，游客数量 4992.6 万人次，另外 4 区按接待量由高到低依次是鼓楼区、延平区、湖里区和集美区（厦门市），接待游客分别为 2319.9 万人次、2268.0 万人次、2104.8 万人次和 2070.0 万人次；在其余 26 个市辖区中，芗城区、新罗区和晋安区 3 地 2021 年游客接待在 1000 万人次以上，接待数量分别达到 1116.3 万人次、1150.1 万人次和 1200.0 万人次。

三 福建县级市、县旅游发展概况

福建共有53个县级市、县，除金门县外，2021年全省县域旅游总收入均达到2520.2亿元，接待游客约2.4亿人次，图2为各县级市、县旅游收入与接待游客基本情况。

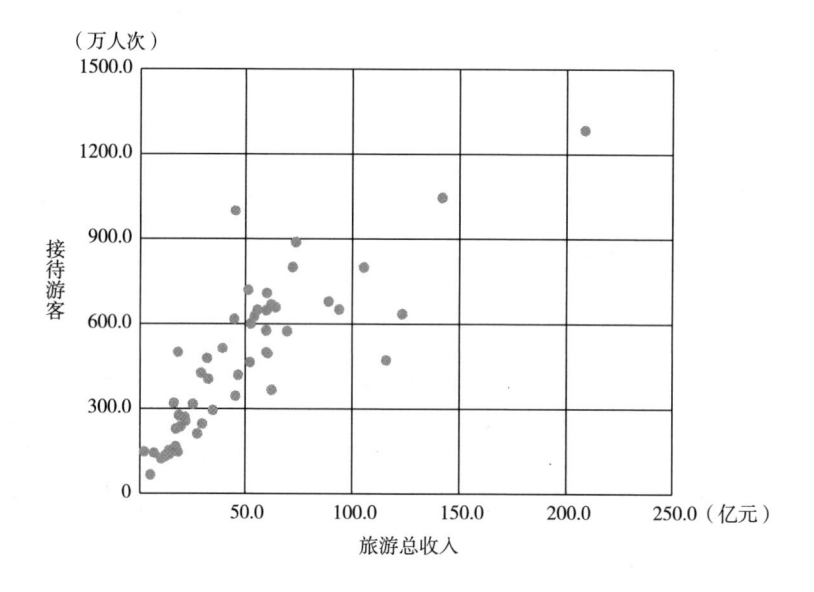

图2 2021年福建县级市、县旅游发展主要数据分布

全省县域范围内，多数县级市、县2021年旅游总收入在100亿元以下，只有晋江市、武夷山市和福清市三个城市超过100亿元，分别为145.83亿元、141.9亿元和116.0亿元；石狮市（87.43亿元）和南安市（79.56亿元）紧随其后，20个县级市、县全年旅游总收入在50亿—100亿元；旅游总收入低于50亿元的县级市、县有29个。

居2021年福建县域接待游客前三位的县级市、县为晋江市、武夷山市和永泰县（福州市），3县接待量均超过1000万人次，分别为1142.58万人次、1047.0万人次和1000.0万人次；东山县（漳州市）、泰宁县（三明市）、安溪县（泉州市）、霞浦县（宁德市）、邵武市（南平市）等20个县级市、县接待游客在1000万—500万人，其中龙岩市的连城县、上杭县，泉州市的石狮市3县接待游客均超过800万人次，在全省52县域中位列第四至六位，其接待量分别为连城县888.0万人，上杭县800.26万人，石狮市800.0万人；29个县级市、县全年接待游客在500万人以下。

四 福建市辖区与县级市、县旅游发展比较

福建市辖区与县级市、县2021年旅游总收入、接待游客两项数据如表2所示。

表2　2021年福建市辖区与自治县、县旅游发展主要数据比较

数据类别	数据项	市辖区数量（个）	市辖区中占比（%）	县数量（个）	县中占比（%）
旅游总收入（亿元）	>300	1	3.2	0	0
	300（含）—200	2	6.5	1	1.9

续表

数据类别	数据项	市辖区数量（个）	市辖区中占比（%）	县数量（个）	县中占比（%）
旅游总收入（亿元）	200（含）—100（含）	5	16.1	4	7.7
	<100	23	74.2	47	90.4
接待游客（万人次）	>3000	1	3.2	0	0
	3000（含）—2000	4	12.9	0	0
	2000（含）—1000（含）	3	9.7	3	5.8
	<1000	23	74.2	49	94.2

福建31个市辖区和除金门县外的52个县级市、县2021年旅游总收入主要集中在100亿元以下的区间内，其中县级市、县的集中程度更高，达到90.4%，即有47个县级市、县收入在100亿元以下，同收入区间的市辖区有23个，在全部市辖区中占比74.2%；200亿（含）—100亿（含）元旅游总收入的市辖区和县级市、县分别有5个和4个，在各自地区中占比16.1%、7.7%；3个市辖区和1个县级市全年旅游总收入超过200亿元，其中1个市辖区旅游总收入达到300亿元。

在接待游客方面，实现1000万（含）人次以上接待规模的县级行政区共计11个，在这11个县级单位中，8个来自市辖区，3个来自县级市、县，在各自地区中占比分别为25.8%和5.8%，此外，实现2000万人次以上接待规模的5个县级单位全部为市辖区；31个市辖区中的23个2021年游客接待规模低于1000万人次，在全部市辖区中占比74.2%，同一规模区间的县级市、县有49个，在全部县级市、县中占比94.2%。

可见，福建县级单位，无论是市辖区还是县级市、县，2021年旅游发展数据基本在100亿元以下旅游收入和1000万人次以下接待游客区间内，超出此区间规模的县级单位则主要来自市辖区。

五　特色旅游线路：闽西南协同发展区联游

建设闽东北、闽西南两大协同发展区是福建区域发展在新时期、新格局下的崭新蓝图，作为"双轮驱动、南北互动"中的其中一极，闽西南协同发展区不仅在全省经济社会发展中发挥着重要作用，而且区域旅游资源也十分丰富，每年吸引众多国内外游客到访。

闽西南协同发展区以厦漳泉都市圈为中心，涵盖厦门市、漳州市、泉州市、三明市、龙岩市5市，陆域国土面积6.8万平方千米，占全省陆域面积的55%，森林资源、海洋资源丰富，生态条件优越，自然景观独特。继泉州2021年申遗成功后，闽西南5市全部成为世界遗产城市，这也是闽西南协同发展区文旅产业的一大亮点。

闽西南协同发展区主要城市与旅游项目如下：

厦门市：位于福建东南端，古称嘉禾屿，别称鹭岛,副省级城市、经济特区,东南沿海重要的中心城市、港口及风景旅游城市,下设6区,共有4A景区10个、5A景区1个,主要景区包括鼓浪屿风景区、日月谷温泉主题公园、方特旅游区、集美鳌园等。

泉州市:位于福建东南部,省内三大中心城市之一,港湾、岛屿众多,下设4区8县,共有4A景区13个、5A景区1个,主要景区包括清源山风景区、开元寺、惠安崇武古城风景区、德化石牛山风景区、福建闽台缘博物馆等。

漳州市:位于闽南金三角南端,既是历史文化名城,也是改革开放后全国较早实行对外开放的地区之一,下设4区7县,共有4A景区13个,主要景区包括福建土楼(华安)旅游区、滨海火山自然生态风景区、十里蓝山景区、龙文云洞岩风景区、天福茶博物院等。

三明市:位于闽西和闽西北,革命老区、原中央苏区核心区,下设2区9县,是福建拥有4A以上景区数量最多的地级市,其中5A景区1个、4A景区19个,主要景区包括泰宁风景区、建宁闽江源生态区、建宁中央苏区反"围剿"纪念园、桃源洞风景名胜区、宁化客家祖地、尤溪桂峰古村落、沙县小吃文化城等。

龙岩市:位于福建西部,通称闽西,原中央苏区核心区域，也是享誉海内外的客家祖地，下设 2 区 5 县，共有 5A 景区 1 个、4A 景区 12 个，主要景区包括古田旅游区、长汀红色旧址群旅游区、连城天一温泉旅游区、梅花山华南虎园生态旅游区、千鹭湖景区等。

广东省旅游高质量发展研究报告

广东位于中国大陆最南部,所居南岭以南、南海之滨;东邻福建,北接江西、湖南,西接广西,南邻南海,珠江口东西两侧分别与香港、澳门特别行政区接壤,西南部雷州半岛隔琼州海峡与海南省相望。陆地面积17.97万平方千米,下辖广州、深圳、珠海、汕头、佛山、韶关、河源、梅州、惠州、中山、东莞、汕尾、江门、阳江、湛江、茂名、肇庆、清远、潮州、揭阳、云浮21个地级及以上城市;65个市辖区、20个县级市、34个县、3个自治县,共计122个县级行政单位。地势总体北高南低,地貌类型复杂多样,北部多为山地和高丘陵,南部多为平原和台地,山地、丘陵、台地和平原分别占全省土地面积的33.7%、24.9%、14.2%和21.7%,另有5.5%为河流与湖泊。地处东亚季风区,自北向南依次为中亚热带、南亚热带和热带气候,光热充足,降水丰沛,雨热同期。大陆海岸线4114.3千米,居全国首位,海域辽阔,滩涂广布,港湾优良,岛礁众多,海洋生物、矿产和能源资源丰富。

依托于独特的人文历史、自然条件和地理区位,广东旅游发展具有较为充足的资源禀赋。凭借其岭南文化、侨乡文化、红色旅游、丹霞地貌等富有特色的地域标签,广东每年吸引众多海内外游客到访。此外,广东旅游业还具有集群化、市场化的优势特点,产业发展基础雄厚,旅游市场体系完善。

一 广东地级及以上城市旅游发展概况

广东共设21个地级及以上城市,各市2021年旅游收入与接待游客情况如表1所示。

表1　　2021年广东地级市旅游发展主要数据

序号	地级及以上城市	下辖区、县数量（个）			旅游总收入（亿元）	接待游客（万人次）
		合计	市辖区	县级市、县、自治县		
1	广州市	11	11	0	2885.89	18175.26
2	深圳市	9	9	0	1709.00	6232.84
3	珠海市	3	3	0	196.13	2008.08
4	汕头市	7	6	1	94.65	491.40
5	佛山市	5	5	0	333.55	3882.43
6	韶关市	10	3	7	90.87	1014.19
7	河源市	6	1	5	51.09	650.19

续表

序号	地级及以上城市	下辖区、县数量（个）			旅游总收入（亿元）	接待游客（万人次）
		合计	市辖区	县级市、县、自治县		
8	梅州市	8	2	6	121.76	1450.80
9	惠州市	5	2	3	219.60	2811.07
10	汕尾市	4	1	3	108.40	1714.40
11	江门市	7	3	4	124.83	1410.34
12	阳江市	4	2	2	85.47	979.69
13	湛江市	9	4	5	149.99	1438.42
14	茂名市	5	2	3	102.02	1111.20
15	肇庆市	8	3	5	308.10	4092.60
16	清远市	8	2	6	111.40	1320.00
17	潮州市	3	2	1	31.00	408.00
18	揭阳市	5	2	3	209.60	3640.80
19	云浮市	5	2	3	130.00	830.00
20	中山市	0			143.90	—
21	东莞市	0			379.60	4553.60

注：中山市 2021 年接待游客数据暂时无法确认。

在所有地级市中，省会广州市下辖区县数量最多，达到 11 个，与韶关市一起成为广东仅有的两个区县数达到 10 个的地级市；除中山、东莞两市不设区县外，珠海市区县数量最少，只有 3 个。从县级行政单位构成上看，广州市有 11 个市辖区，其数量省内最多；县（市）数量最多的是韶关市，达到 7 个。

根据可统计数据，广州市以 2885.89 亿元位居 2021 年省内地级及以上城市旅游总收入首位，是全省唯一一个旅游总收入超过 2500 亿元的城市，其旅游总收入约为排名第二位的深圳市（1709亿元）的1.69倍、排名最末位的潮州市（31亿元）的93倍。在广州和深圳之后，东莞市排名第三位，2021年旅游总收入达到379.6亿元。佛山市、肇庆市、惠州市、揭阳市、珠海市和湛江市分列第四至第九位，旅游总收入分别为333.55亿元、308.1亿元、219.6亿元、209.6亿元、196.13亿元和149.99亿元。中山市、云浮市分别以143.9亿元和130亿元排名第十和第十一位。江门市、梅州市、清远市、汕尾市和茂名市2021年旅游总收入也都超过了100亿元。另有汕头、韶关、阳江、河源和潮州5市旅游收入在100亿元以下。

接待游客方面，除中山市数据未曾公布以外，广州市仍以18175.26万人次领先省内其他地级及以上城市，深圳市排名第二位，2021年接待游客6232.84万人次，超过了500万人次规模。东莞市和肇庆市分别以4553.6万人次和4092.6万人次位列第三、第四位，接待游客均超过4000万人。4个地级市接待游客在2000万—4000万人次，由高到低依次为佛山市（3882.43万人次）、揭阳市（3640.8万人次）、惠州市（2811.07万人次）和珠海市（2008.08万人次），在全省接待游客排名中居第五至八位。前十位的另外两个地级市是汕尾市和梅州市，2021年接待游客分别达到1714.4万人次和1450.8万人次。

二 广东市辖区旅游发展概况

广东65市辖区2021年实现旅游收入3928.6亿元，平均旅游收入60.4亿元，接待游客约6.5亿人次，平均接待游客995.8万人。

图1为各区2021年旅游收入与接待游客数据分布情况。

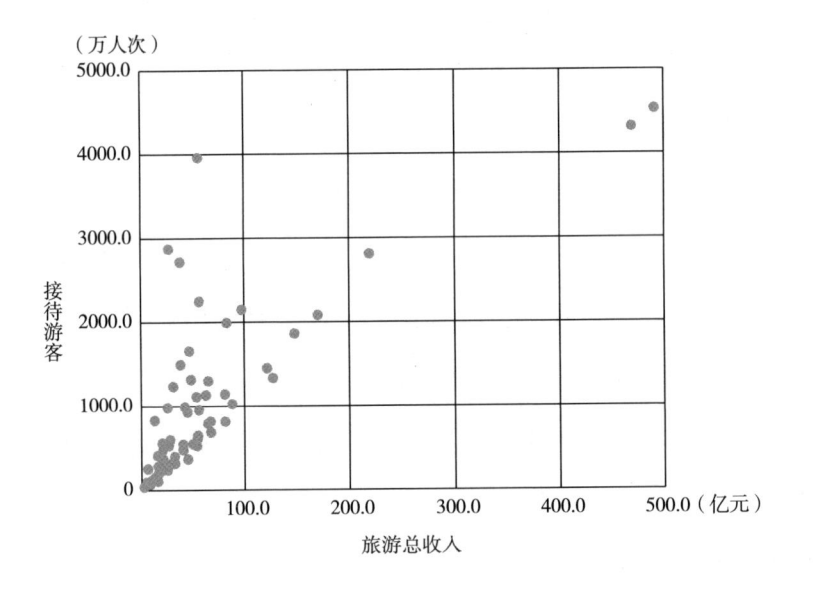

图1 2021年广东市辖区旅游发展主要数据分布

在旅游收入相关统计中，番禺区（广州）、越秀区（广州）和惠城区（惠州）位列2021年广东市辖区旅游总收入前三位，其中番禺区和越秀区旅游总收入接近500亿元，分别达到491.3亿元和469.2亿元，约为第三位惠城区（219.6亿元）的2倍，3区旅游总收入之和接近全部市辖区的1/3。3区之后，荔湾区（广州）、梅县区（梅州）、南海区（佛山）和梅江区（梅州）位列市辖区旅游总收入第四至第七位，4区2021年旅游总收入均超过100亿元，分别为170.0亿元、147.9亿元、127.4亿元和121.8亿元。58个市辖区全年旅游总收入在100亿元以下，约占全部市辖区数量的89%，其中，增城区（广州）、顺德区（佛山）旅游总收入接近100亿元，各自达到97.8亿元和88.2亿元。

在接待游客统计中，2021年广东接待游客排名前三位的市辖区均来自广州市，由高到低依次为番禺区、越秀区和天河区，3区接待游客之和超过1亿人次，各为4532.1万人次、4320.0万人次和3960.0万人次。海珠区（广州）、惠城区（惠州）、南沙区（广州）、白云区（广州）、增城区（广州）和荔湾区（广州）分别以2874.6万人次、2811.1万人次、2719.8万人次、2245.5万人次、2146.6万人次和2080.0万人次分列市辖区接待游客第四至第九位，6区接待游客均超过2000万人。从化区（广州）、梅县区（梅州）、罗湖区（深圳）、坪山区（深圳）、梅江区（梅州）等13个市辖区2021年接待游客在2000万—1000万人次，另有高明区（佛山）、濠江区（汕头）、榕城区

（揭阳）、斗门区（珠海）、禅城区（佛山）等43个市辖区接待游客在1000万人次以下。

三 广东县域旅游发展概况

全省下设57个县级市、县，2021年共计实现旅游收入1860.5亿元，平均旅游收入32.6亿元，接待游客约2.6亿人次，平均接待游客450.1万人次。

图2为各县级市、县2021年旅游收入与接待游客分布情况。

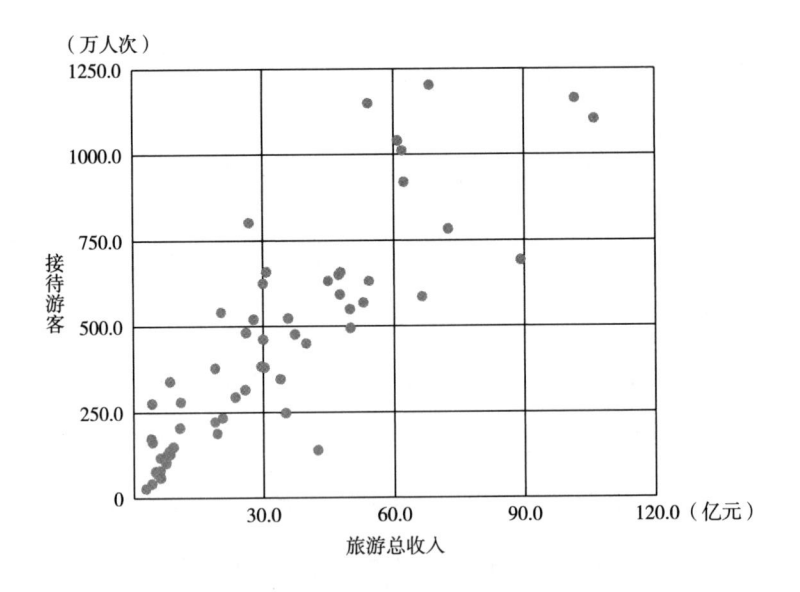

图2 2021年广东县域旅游发展主要数据分布

57个县级市、县中，只有台山市（江门市）2021

年旅游总收入接近100亿元,为97.4亿元;廉江市、新兴县、揭西县、普宁市、博罗县、英德市、封开县位列第二至第八位,旅游总收入分别为72.52亿元、69亿元、66.4亿元、62.3亿元、61.9亿元、58.63亿元和53.09亿元;除上述9县(市)之外,鹤山市(江门)、惠东县(惠州)和罗定市(云浮)3地旅游总收入也达到了50亿元,各自为54.3亿元、54.2亿元和53.0亿元。其余45个县级市、县全年旅游总收入低于50亿元。

在接待游客方面,6个县级市、县2021年接待游客超过1000万人次,分别是英德市、台山市、惠东县、新兴县、博罗县和普宁市,接待量分别达到1203.0万人次、1163.7万人次、1149.7万人次、1104.2万人次、1041.8万人次和1011.6万人次。17个县级市、县,接待游客在1000万—500万人次,其中,揭西县、南澳县(汕头)和廉江市3地接待游客接近1000万人,各自达到920.0万人次、802.2万人次和783.4万人次。另有怀集县(肇庆)、雷州市(湛江)、乳源县(韶关)、陆丰市(汕尾)、饶平县(潮州)等34个县级市、县2021年接待游客在500万人次以下。

四 广东市辖区与县域旅游发展比较

从宏观上看,2021年广东市辖区平均旅游总收入和平均接待游客均在县域数据的 2 倍左右。表 2 为广东各市辖区与各县级市、县全年旅游发展主要数据的比较情况。

表 2　　2021 年广东市辖区与县域旅游发展主要数据比较

数据类别	数据项	市辖区数量（个）	市辖区中占比（%）	县级市、县数量（个）	县中占比（%）
旅游总收入（亿元）	>200	3	4.6	0	0
	200（含）—100	4	6.2	2	3.5
	100（含）—50（含）	18	27.7	10	17.5
	<50	40	61.5	45	79.0
接待游客（万人次）	>2000	9	13.8	0	0
	2000（含）—1000	13	20.0	6	10.5
	1000（含）—500（含）	17	26.2	17	29.8
	<500	26	40.0	34	59.7

首先是旅游总收入一项，在旅游总收入超过 100 亿元的县级单位中，有 7 个是市辖区，2 个是县级市、县，其中超过 200 亿元的 3 个地区全部为市辖区。全年旅游总收入在 100 亿—50 亿元的市辖区有 18 个，在全部市辖区中占比 27.7%，县级市、县 10 个，在全部县级市、县中占比 17.5%。旅游总收入低于 50 亿元的市辖区和县级市、县数量分别为 40 个和 45 个，在各自地区中占比均为最高，各自达到 61.5% 和 79%。

接待游客一项中，全年接待游客超过 2000 万人次的 9 个地区全部来自市辖区；2000 万—1000 万人次这一区间内，分布有 13 个市辖区和 6 个县（市），在各自地区中占比分别为20%和10.5%；接待游客在1000万—500万人次的区县数量相同，均为17个，在各自地区中占比也较为接近，分别为26.2%和29.8%；26个市辖区和34个县级市、县接待游客在500万人以下，在各自地区中占比为40%和59.7%。

五 特色旅游线路：大湾区旅游环线

粤港澳大湾区规划建设既是新时代党和政府推动形成全面开放新格局的国家重大发展战略，也是推动"一国两制"事业发展的崭新实践。作为中国开放程度最高、经济活力最强的区域之一，粤港澳大湾区不仅在促进地区经济社会发展、产业集群、科技创新等方面具有战略意义，也在建设世界级旅游目的地、打造宜居宜业宜游优质生活圈等方面大有潜力。

粤港澳大湾区土地面积5.6万平方千米，地理条件优越，海岸线长、海域面广、海港湾多，行政单位包括香港特别行政区、澳门特别行政区和珠三角九市，即广东省广州市、深圳市、珠海市、佛山市、惠州市、东莞市、中山市、江门市、肇庆市。

大湾区旅游环线主要涉及珠三角九市多地及广东省内相关地区。

大湾区旅游环线主要地区与旅游项目有：

广州市：地处广东中南部、珠江三角洲北缘，省会城市、副省级市、国家中心城市，首批国家历史文化名城，广府文化发祥地，别称"羊城"。下辖11区，建有5A景区2个、4A景区28个，主要景区有长隆旅游度假区、白云山风景区、中山纪念堂、西汉南越王博物馆、南沙天后宫等。

深圳市：地处广东南部、珠江口东岸，副省级市、国家计划单列市，经济特区、全国性经济中心城市。下辖9区，建有5A景区2个、4A景区8个，主要景区有华侨城旅游度假区、观澜湖休闲度假区、仙湖植物园、西部海上田园旅游区、水底山旅游度假区等。

佛山市：地处珠江三角洲腹地，珠三角地区西翼经贸中心和综合交通枢纽，国家历史文化名城。下辖5区，建有5A景区2个、4A景区15个，主要景区有西樵山景区、长鹿旅游休博园、三水荷花世界、清晖园、祖庙博物馆等。

惠州市：地处广东东南部，珠江三角洲东北、东江中下游，客家文化、广府文化和潮汕文化的交汇地带，国家历史文化名城。下辖2区3县，建有5A景区2个、4A景区10个，主要景区有罗浮山景区、西湖旅游景区、龙门县南昆山生态旅游区、大亚湾红树林城市湿地公园、叶挺将军纪念园景区等。

江门市：地处珠江三角洲西部，"中国第一侨乡"，有"中国侨都"之称。下辖3区4县,建有5A景区1个、4A景区10个,主要景区有开平碉楼文化旅游区、大雁山风景区、川岛旅游度假区、金山温泉旅游度假区等。

贵州省旅游高质量发展研究报告

贵州位于我国西南地区东南部、云贵高原之上，东毗湖南、南邻广西、西连云南、北接四川和重庆。总面积17.62万平方千米，以高原山地、丘陵和盆地为基本地貌类型，其中92.5%为山地和丘陵，故有"八山一水一分田"之说；地势西高东低，自中部向北、东、南三面倾斜，平均海拔1100米左右，山脉绵延纵横，岩溶发育典型，分布范围广泛，形态类型丰富。气候温暖湿润，属亚热带温湿季风性气候，冬无严寒、夏无酷暑，降水丰富、雨热同季，植被丰厚多样，垂直差异显著。

下辖贵阳市、遵义市、铜仁市、六盘水市、毕节市、安顺市6个地级市，黔西南布依族苗族自治州、黔南布依族苗族自治州、黔东南苗族侗族自治州3个自治州，计9个地级行政区；50个县、11个自治县、10个县级市、16个市辖区、1个特区，计88个县级行政区。

贵州旅游资源丰富，旅游业发展条件优越，既有山川秀丽之自然之美，亦得民情风俗之人文之惠，在国内外闻名遐迩。2021年，贵州继续推进多彩贵州旅游强省建设，不断丰富旅游生态和人文内涵，旅游及相关产业增加值突破1000亿元，占GDP比重达到5.2%。

一 贵州各市州旅游发展概况

贵州省下辖9个地级行政区，其中6个地级市、3个自治州，表1为2021年贵州各市州旅游发展基本情况。

表1　　2021年贵州各市州旅游发展主要数据

序号	市州	下辖区、县数量（个）			旅游总收入（亿元）	接待游客（万人次）
		合计	市辖区、特区	县级市、县、自治县		
1	贵阳市	10	6	4	1821.38	15200.00
2	遵义市	14	3	11	1140.69	10979.37
3	铜仁市	10	2	8	474.96	5405.67
4	六盘水市	4	3	1	719.37	7642.42
5	毕节市	8	1	7	793.20	8020.23
6	安顺市	6	2	4	470.00	5272.46
7	黔西南布依族苗族自治州	8	0	8	815.84	4200.00

续表

序号	市州	下辖区、县数量（个）			旅游总收入（亿元）	接待游客（万人次）
		合计	市辖区、特区	县级市、县、自治县		
8	黔南布依族苗族自治州	12	0	12	369.90	945.37
9	黔东南苗族侗族自治州	16	0	16	843.12	8150.97

由表1可见，贵州省9个地级行政区中，5个市州包含10个以上区县，其中黔东南州[①]是下设县级行政区数量最多的市州，达到16个；六盘水市最少，区县数4个。

2个市州2021年旅游总收入超过1000亿元，由高到低依次为贵阳市和遵义市，其中，贵阳市以1821.38亿元、接近2000亿元旅游总收入居于首位；遵义市以1140.69亿元位居全省第二；黔东南州（843.12亿元）、黔西南州（815.84亿元）、毕节市（793.2亿元）和六盘水市（719.37亿元）2021年旅游总收入都超过了700亿元；铜仁市、安顺市和黔南州都在500亿元以下，

在接待游客方面，贵阳市、遵义州、黔东南州、毕节市4市州分列2021年省内接待数量前四位，接待规模均超过8000万人次，分别达到15200万人、

---

① 下文各少数民族自治州简称"州"，如黔西南布依族苗族自治州简称为黔西南州。

10979.37万人、8150.97万人和8020.23万人。六盘水市（7642.42万人）、铜仁市（5405.67万人）、安顺市（5272.46万人）、黔西南州（4200万人）排名第五至八位，接待游客均在4000万人以上。

二 贵州市辖区、特区旅游发展概况

在贵州省88个县级行政区中，有16个市辖区和1个特区①；各地级市下设的市辖区、特区数量为：贵阳市6个，遵义市、六盘水市各3个，铜仁市、安顺市各2个，毕节市1个。

2021年，贵州17个市辖区、特区实现旅游收入约2831.50亿元，接待游客约2.4亿人次，图1为各市辖区、特区旅游收入与接待游客情况。

旅游总收入一项，2021年排名前三位的市辖区分别是云岩区、南明区和花溪区，3区行政上均归于贵阳市，收入规模均在300亿元以上，分别达到449.95亿元、425.5亿元和300.4亿元；安顺市西秀区以248.30亿元收入排在3区之后，位居第四；8个市辖区、特区旅游收入在200亿—100亿元，它们是贵阳市观山湖区，遵义市汇川区、红花岗区、播州区，铜仁市碧江区、万山区，六盘水市六枝特区与安顺市平坝

---

① 六盘水市六枝特区。

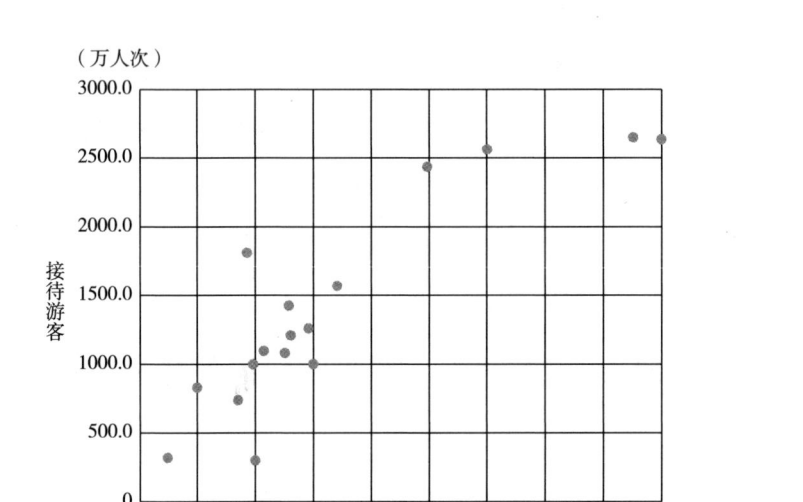

图1　2021年贵州市辖区、特区旅游发展主要数据分布

区；5个市辖区旅游总收入不足100亿元。

接待游客方面，来自贵阳市的花溪区、南明区和云岩区依旧领跑省内其他市辖区、特区，游客接待量分别达到2980.75万人次、2650.75万人次和2637.18万人次；安顺市西秀区紧随其后，2021年全年完成2435.00万人次接待；另有9个市辖区、特区游客接待量在1000万—2000万人次，它们是贵阳市的乌当区、观山湖区，遵义市的红花岗区、播州区、汇川区，铜仁市碧江区，六盘水市的钟山区、六枝特区，以及安顺市的平坝区；4个市辖区接待量低于1000万人。

三 贵州各县旅游发展概况

贵州省共计71个县，其中50个县、11个自治县、10个县级市（以下统称为"县"）。2021年贵州71县实现旅游收入约5493.7亿元，接待游客约6.0亿人次，图2为各县旅游总收入与接待游客数据分布情况。

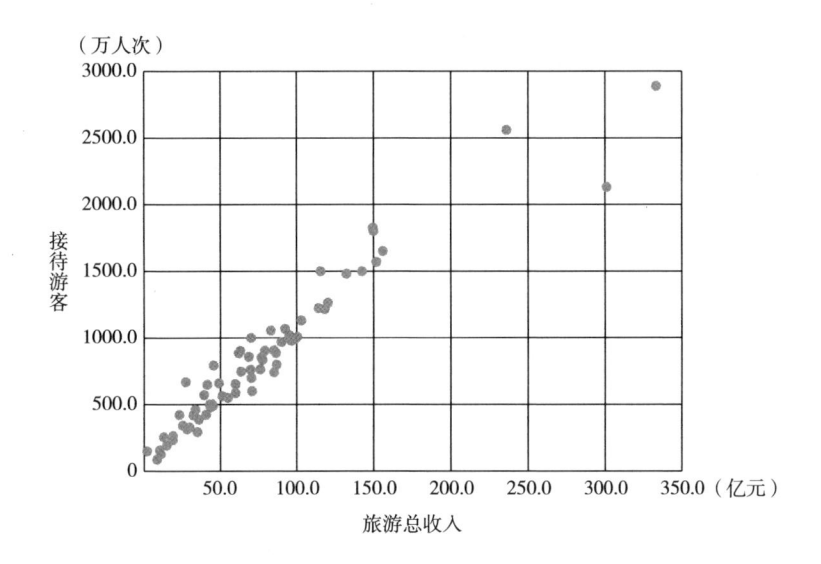

图2 2021年贵州各县旅游发展主要数据分布

由图2可知，贵州绝大多数县2021年旅游总收入在150亿元以下，其中又以低于100亿元为多数；150亿元以上旅游总收入的县有6个，这6个县是盘州市（六盘水市）、织金县（毕节市）、大方县（毕节市）、凯里市（黔东南州）、兴义市（黔西南州）和都匀市（黔南州），其中，凯里市、兴义市和都匀市3县分别以333.5亿元、301.2亿元、236.1亿元位列2021年贵州各县旅游总收入前三位，大幅领先于省内其他县域；习水县（遵义市）、江口县（铜仁市）、开阳县（贵阳市）、威宁县（毕节市）、黔西市（毕节市）、荔波县（黔南州）等13个县旅游总收入在200亿—100亿元；另有55个县旅游总收入低于100亿元。

在接待游客项中，来自三个少数民族自治州的凯里市、兴义市、都匀市依然占据2021年贵州县域接待人次前三位，3地接待量均达到2000万人次，其中，凯里市以2888.4万人次居于首位，都匀市以2560.0万人次位居第二，兴义市排名第三，接待游客2130.0万人次；17个县接待游客数量在2000万—1000万人次；51个县接待量在1000万人次以下，其中德江县（铜仁市）、贵定县（黔南州）、雷山县（黔东南州）、紫云县（安顺市）等7县接待人次达到900万、接近千万规模。

四 贵州市辖区（特区）、县旅游发展比较

表2为2021年贵州市辖区（特区）与县域相关旅游数据比较。

表 2　2021 年贵州市辖区（特区）和县旅游发展主要数据比较

数据类别	数据项	市辖区（特区）数量（个）	市辖区（特区）中占比（%）	县数量（个）	县中占比（%）
旅游总收入（亿元）	>300	3	17.6	2	2.8
	300（含）—200	1	5.9	1	1.4
	200（含）—100（含）	8	47.1	13	18.3
	<100	5	29.4	55	77.5
接待游客（万人次）	>3000	3	17.6	0	0
	3000（含）—2000	1	5.9	3	4.2
	2000（含）—1000（含）	9	52.9	17	24.0
	<1000	4	23.5	51	71.8

旅游收入方面，贵州 17 个市辖区（特区）中的 8 个 2021 年旅游总收入在 200 亿—100 亿元，在全部市辖区（特区）中占比 47.1%，接近半数；旅游总收入在 300 亿—200 亿元的市辖区（特区）数量最少，仅有 1 个；旅游总收入超过 300 亿元的市辖区（特区）有 3 个，低于 100 亿元的有 5 个，在全部市辖区（特区）中占比分别为 17.6%、29.4%。县域范围，95% 的县旅游收入在 200 亿元以下，其中 200 亿—100 亿元的县有 13 个，占全部县的 18.3%，77.5% 的县旅游总收入不足 100 亿元；2 个县 2021 年旅游总收入达到 300 亿元，1 个县在 300 亿—200 亿元。

接待游客方面，以千万人次为区间单位，市辖区（特区）游客接待量主要集中在 2000 万—1000 万人次，数量为 9 个，在全部区中占比 52.9%；接待 3000 万人次以上和 1000 万人次以下的市辖区（特区）数量较为接近，分别有 3 个和 4 个；另有 1 个区接待游客在 3000 万—2000 万人次。县域范围，游客接待量主要集中在 1000 万人次以下，县数量 51 个，占 71.8%，超过全部县数的一半；占比第二高的接待规模落于 2000 万人次至 1000 万人次区间内，占 24%，即 17 个县 2021 年接待游客数量大于 1000 万小于 2000 万（含）人次；另有 3 个县接待游客达到 2000 万人次，但均未超过 3000 万人次。

综合而言，贵州市辖区（特区）旅游发展优于县域，同时更为均衡。

五 特色旅游项目：长征国家文化公园之贵州段

长征国家文化公园是新时代党和政府推动文物和文化资源保护传承利用的重大战略决策，涉及长征沿线 15 个省区市，对于整合沿线文物和文化资源、弘扬革命传统和革命文化、振奋民族精神具有深远意义。

作为长征途中活动时间跨度长、发生重大事件多、活动范围广的省份之一，贵州以其丰富而独特的长征文化资源，于 2019 年被确定为长征国家文化公园重点建设区之一。长征国家文化公园贵州段指的是中央红军以及红二、红六军团在贵州行经、驻扎、战斗过的区域，其范围包括中央红军与红二、红六军团在贵州活动的地方和线路及其周边与红军长征相关联的重要不可移动文物、会议会址、活动遗址、纪念设施、村落以及相关旅游景区、景点等。

总体布局上，长征国家文化公园贵州段具有"一核、一线、两翼、多点"的特点，即以遵义会议会址及周边文物为核心，以中央红军长征线路为主线，以黔大毕革命根据地和黔东的红二、红六军团长征遗迹为两翼，纳入其他具有代表性的展示点，通过对长征重大历史事件的再现与重温，串联起散落在贵州群山之间的红色遗迹，以此擘画和展示新的红色旅游图景。

长征国家文化公园贵州重点建设地区与旅游项目有：

遵义市：位于贵州北部，省内第二大城市、黔北政治经济文化中心，长征国家文化公园贵州段"一核、一线、两翼、多点"布局中"一核、一线"的主要落地地区，特色旅游项目包括遵义会议会址、长征纪念小镇、遵义战役纪念园、四渡赤水集中展示带、苟坝会议会址文旅融合示范区、《伟大转折》演艺综合体、"重走长征路"研培体验工程等。

毕节市：位于贵州省西北部，川滇黔三省交界、乌蒙山腹地，长征国家文化公园贵州段"两翼"之一所在重点地区，特色旅游项目有乌蒙山回旋战核心展示园、川滇黔省革命委员会旧址、鸡鸣三省红色旅游景区和长征步道等。

铜仁市：地处黔湘渝三省市结合部，是贵州向东开放的门户和桥头堡，同时作为中央红军长征前全国仅存的八块根据地之一，也是长征国家文化公园贵州段"两翼"之另外"一翼"所在重点地区，特色旅游项目包括印江木黄会师展示园、周逸群烈士故居、田心坪战斗遗址、江口红十八师归建地、困牛山战斗遗址、枫香溪会议会址、黔东特区革命委员会旧址等。

贵阳市：贵州省会，全省政治、经济、文化、教育、科学技术、交通中心，特色旅游项目包括兵临贵阳核心展示园、长征数字科技艺术馆、百宜红军烈士陵园、羊昌黄连红军村、百宜拐九红军长征体验步道等。

江苏省旅游高质量发展研究报告

江苏地处中国东部沿海地区中部，长江、淮河下游，东濒黄海，北接山东，西连安徽，东南与上海、浙江接壤，是长江三角洲地区的重要组成部分。土地面积10.72万平方千米，沿海滩涂面积超过5000平方千米，约占全国滩涂总面积的25%。下辖南京、无锡、徐州、常州、苏州、南通、连云港、淮安、盐城、扬州、镇江、泰州、宿迁13个地级及以上城市，95个县（市、区），其中市辖区55个、县级市21个、县19个，县级市、县中包括昆山市、泰兴市、沭阳县3个江苏试点省直管市（县）。地貌主要涉及平原、丘陵和山地三种类型，占比分别达到86.9%、11.54%和1.56%。地跨长江、淮河两大水系，水网密布，湖泊众多，其中太湖、洪泽湖面积超过1000平方千米，是全国第三和第四大淡水湖。位于东亚季风气候区、南北气候过渡地带，以淮河、苏北灌溉总渠一线为界，以北地区属暖温带湿润、半湿润季风气候，以南地区属亚热带湿润季风气候，四季分明，雨热同期，降水丰沛且集中，梅雨显著。

江苏旅游业基础扎实，自然人文条件优越，疫情后产业恢复快速。根据《2021年江苏省国民经济和社会发展统计公报》，2021年江苏全年接待境内外游客7.1亿人次，比2020年增长49.6%；实现旅游业总收入11672.7亿元，增长41.5%。

一 江苏地级市旅游发展概况

江苏共计13个地级及以上城市，表1为各地级及以上城市2021年旅游收入与接待游客基本情况。

表1 2021年江苏地级及以上城市旅游发展主要数据

序号	地级及以上城市	下辖区、县数量（个）			旅游总收入（亿元）	接待游客（万人次）
		合计	市辖区	县级市、县		
1	南京市	11	11	0	2130.45	10844.00
2	无锡市	7	5	2	1654.85	8800.09
3	徐州市	10	5	5	631.93	5197.76
4	常州市	6	5	1	1057.20	6999.40
5	苏州市	9	5	4	2294.40	11273.50
6	南通市	7	3	4	618.81	4314.97
7	连云港市	6	3	3	496.33	3619.91

续表

序号	地级及以上城市	下辖区、县数量（个）			旅游总收入（亿元）	接待游客（万人次）
		合计	市辖区	县级市、县		
8	淮安市	7	4	3	404.98	3293.95
9	盐城市	9	3	6	453.00	3763.00
10	扬州市	6	3	3	812.49	6061.97
11	镇江市	6	3	3	776.39	5563.56
12	泰州市	6	3	3	291.25	2336.01
13	宿迁市	5	2	3	210.17	1801.00

由表1可见，13个地级及以上城市中，省会城市南京市包含区县数量最多，达到11个；宿迁市区县数量最少，只有5个，是排名第二位的徐州市的50%。从内部构成上看，南京市是下辖市辖区数量最多的地级市，市辖区在全市县级行政区中占比100%，数量11个；盐城市是下辖县级市、县数量最多的地级市，达到6个。

在2021年江苏各地旅游总收入一项中，苏州市、南京市和无锡市分别以2294.4亿元、2130.45亿元和1654.85亿元排名全省前三位，三市全年旅游总收入均达到千亿元规模，南京和苏州两市甚至达到2000亿元规模，是旅游总收入最少的宿迁市（210.17亿元）的10倍之多。常州市、扬州市、镇江市位列第四至第六位，旅游总收入分别为1057.20亿元、812.49亿元和776.39亿元。徐州市和南通市的旅游总收入也都超过了600亿元，连云港市、盐城市和淮安市都不到500亿元，分别为496.33亿元、453.00亿元和404.98亿元，泰州市、宿迁市居最后两位，都不到300亿元。

接待游客人数一项，苏州、南京依旧领衔全省，全年接待人次均超过1亿，分别达到11273.50万人次、10844.00万人次，无锡紧随其后，也达到了8800.09万人次；接待游客人数超过5000万人次的还有常州、扬州、镇江和徐州市，分别达到了6999.40万人次、6061.97万人次、5563.56万人次和5197.76万人次。南通市为4314.97万人次，盐城市、连云港市、淮安市居第九到第十一位，泰州市、宿迁市居最后两位，其中，宿迁市2021年接待游客人数为1801.00万人次，还不到2000万，位居全省倒数第一。

二　江苏市辖区旅游发展概况

江苏下设55个市辖区，除无锡新吴区外，全省54区2021年共计实现旅游总收入5839.9亿元，接待游客6.2亿人次，平均旅游总收入108.1亿元，平均接待游客1145.3万人次。

图1为54区2021年旅游总收入与接待游客相关数据分布情况。

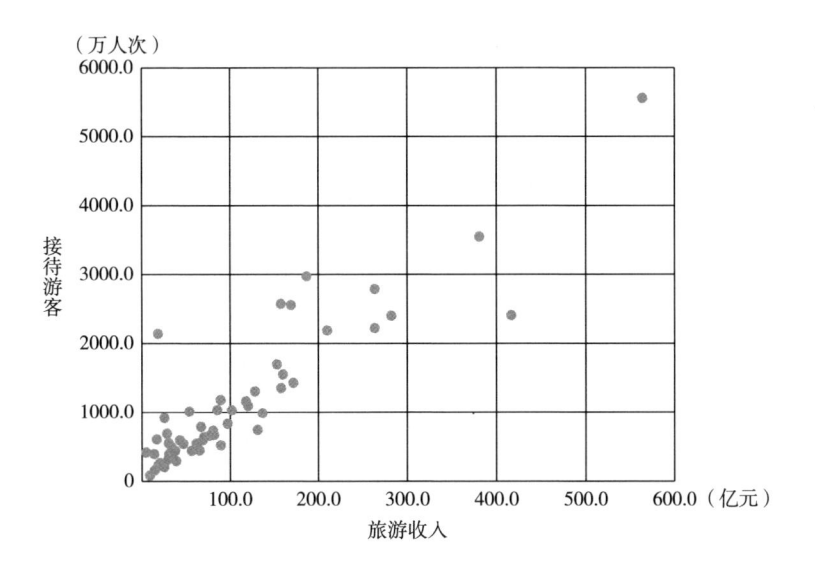

图 1　2021 年江苏市辖区旅游发展主要数据分布

在旅游总收入统计中，秦淮区（南京市）、姑苏区（苏州市）和江宁区（南京市）分别以 564.0 亿元、416.7 亿元、380.7 亿元居 2021 年江苏市辖区旅游总收入前三位，3 市数据之和超过全部市辖区旅游总收入的 20%。滨湖区（无锡市）、吴中区（苏州市）、吴江区（苏州市）和玄武区（南京市）2021 年旅游总收入在 300 亿—200 亿元，依次为 263.5 亿元、263.5 亿元、282.2 亿元和 210 亿元。大丰区（盐城市）、泉山区（徐州市）、梁溪区（无锡市）、虎丘区（苏州市）、淮安区（淮安市）等 13 区全年旅游收入在 200 亿—100 亿元。另有江都区（扬州市）、鼓楼区（徐州市）、姜堰区（泰州市）、浦口区（南京市）等 14 市辖区旅游总收入在 100 亿元以下。

接待游客方面，秦淮区以 5560.0 万人次成为 2021 年江苏接待游客数量最多的市辖区，大幅领先于其他地区。来自同市的江宁区以 3551.7 万人次在其之后，位居第二。除南京秦淮、江宁两区外，还有 9 个市辖区接待游客超过 2000 万人次，这 9 区是徐州泉山区（2574.0 万人次）、无锡锡山区（2142.9 万人次）、无锡滨湖区（2790.0 万人次）、苏州吴中区（2223.0 万人次）、苏州吴江区（2495.6 万人次）、苏州姑苏区（2407.8 万人次）、南京玄武区（2190.0 万人次）、南京建邺区（2556.1 万人次）和南京鼓楼区（2975.4 万人次）。包括常州武进、淮安清江浦、南京高淳、南京六合、无锡梁溪等在内的 11 区 2021 年接待游客在 2000 万—1000 万人次。另有 32 个市辖区接待游客低于 1000 万人次，在省内全部市辖区中占比接近 60%。

三 江苏县级市、县旅游发展概况

江苏共设县 40 个，其中县级市 21 个、县 19 个。2021 年江苏 40 县实现旅游总收入 3329.3 亿元，接待游客 2.8 亿人次，平均旅游总收入 83.2 亿元，平均接待游客 700.6 万人。

图 2 为各县级市、县旅游总收入和接待游客数据

分布情况。

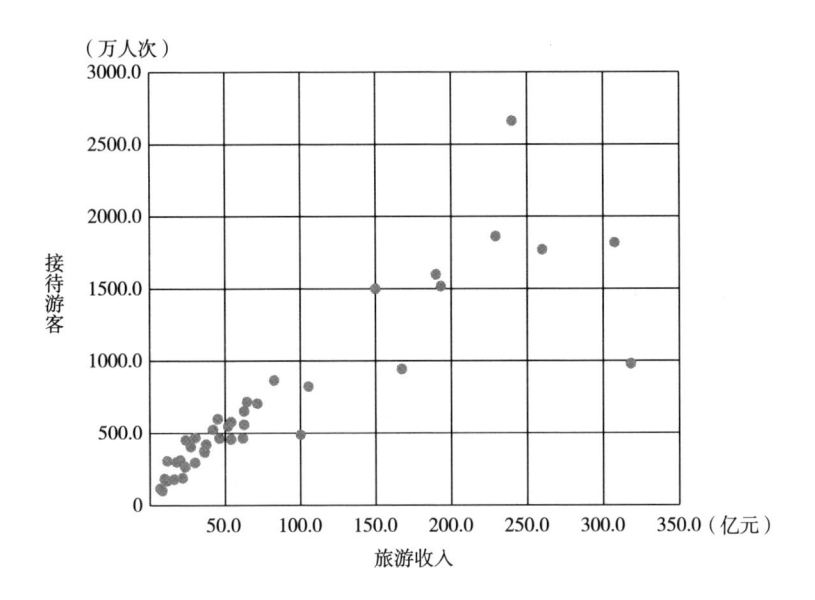

图 2　2021 年江苏县级市、县旅游发展主要数据分布

县域范围，排名 2021 年江苏旅游总收入前三位的是江阴市（无锡市）、常熟市（苏州市）和昆山市（苏州市），旅游总收入分别达到 318.3 亿元、293.13 亿元和 259.88 亿元。宜兴市（无锡市）、溧阳市（常州市）分别以 240.2 亿元和 229.4 亿元居县域旅游总收入第四、第五位，二者数据均超过 200 亿元。5 县之外，丹阳市（镇江）、句容市（镇江），东台市（盐城），张家港市（苏州）、太仓市（苏州），以及如皋市（南通）计 4 市 6 县 2021 年旅游总收入超过 100 亿元，分别为 193.2 亿元、150 亿元、105.5 亿元、167.4 亿元、100.1 亿元和

190.0亿元。另有29个县级市、县全年旅游总收入未超过100亿元,在全部县中比例达到72.5%。

接待游客方面,宜兴市以2662.2万人次成为2021年江苏接待游客数量最多的县级市,也是唯一一个接待游客超过2000万人次的县域单位。在其之后,6个县级市、县接待游客超过1000万人次,由高到低依次是溧阳市、常熟市、昆山市、如皋市、丹阳市和句容市,接待游客分别达到1862.2万人次、1818.4万人次、1770.0万人次、1600.0万人次、1518.0万人次和1500.0万人次。33个县级市、县2021年接待游客在1000万人次以下,其中21个县级市、县接待游客低于500万人次。

四 江苏市辖区与县级市、县旅游发展比较

表2为江苏54市辖区(未含新吴区)和40个县级市、县2021年旅游收入、接待游客情况。

表2　　2021年江苏市辖区与自治县、县旅游发展主要数据比较

数据类别	数据项	市辖区（特区）数量（个）	市辖区中占比（%）	县级市、县数量（个）	县中占比（%）
旅游总收入（亿元）	>200	7	13.0	5	12.5
	200（含）—100	13	24.1	6	15.0
	100（含）—50（含）	14	25.9	9	22.5
	<50	20	37.0	20	50.0

续表

数据类别	数据项	市辖区（特区）数量（个）	市辖区中占比（%）	县级市、县数量（个）	县中占比（%）
接待游客（万人次）	>2000	11	20.4	1	2.5
	2000（含）—1000	11	20.4	6	15.0
	1000（含）—500（含）	17	31.5	12	30.0
	<500	15	27.7	21	52.5

旅游总收入一项，区县数量最多的均在50亿元以下这一区间上，数量均为20个，在各自地区中占比分别为37.0%和50.0%；旅游总收入在100亿—50亿元的市辖区有14个，在全部市辖区中占比25.9%，县（市）9个，在全部县中占比22.5%；各有20个市辖区、11个县（市）2021年旅游总收入在100亿元以上，其中旅游总收入超过200亿元的市辖区有7个，县（市）5个，在各自地区中占比比较接近，分别达到13.0%和12.5%。

接待游客一项，在市辖区范围，17个区2021年接待游客在1000万—500万人次，在全部市辖区中占比最高，达到31.5%；市辖区数量分布第二高的在500万人次以下这一区间内，数量达到15个；此外，各有11个市辖区全年接待游客在2000万—1000万人次和2000万人次以上，在市辖区中比例均为20.4%。在县域范围，21个县级市、县2021年接待游客低于500万人，比例达到52.5%，超过全部县（市）的一半；有30%的县（市），即12个县级市、县接待游客在1000

万—500万人次；7个县（市）接待游客超过1000万人次，其中1个达到2000万人次接待规模。

综上比较，从2021年旅游收入和接待游客两项旅游数据来看，江苏市辖区旅游发展水平总体略微高于县域，在结构上，市辖区旅游发展相较于县域也表现得更为均衡。

五 特色旅游线路：沿太湖旅游环线

太湖，位于长江三角洲南缘，是中国第三大淡水湖，湖泊面积2427.8平方千米，水域面积为2338.1平方千米，湖岸线全长393.2千米。湖泊主体在江苏域内，行政管辖由江苏负责，以北部为起点，按顺时针方向沿太湖主要城市依次为无锡市（江苏）、苏州市（江苏）、湖州市（浙江）和常州市（江苏），湖区南部为江浙两省分界。

作为江苏最大湖泊，太湖不仅具有储存、调节水量的功能，也是著名的旅游胜地。环太湖旅游环线是以太湖为核心的旅游线路，主要涉及"一区三市"，其中，"一区"为太湖风景名胜区，"三市"为沿太湖的3个地级市，即无锡市、苏州市和常州市。

太湖风景名胜区：首批44个国家重点风景名胜区之一，环太湖旅游环线的核心项目。景区面积为

902.23平方千米（含太湖水面511.44平方千米），由苏州市的木渎、石湖、光福、东山、西山、甪直、同里景区；常熟市的虞山景区；无锡市的梅梁湖、蠡湖、锡惠、马山景区；宜兴市的阳羡景区13个景区和无锡市的泰伯庙、泰伯墓2个独立景点组成。其魅力在于，它以平山远水为自然景观特征，以典型吴越文化和江南水乡风光为资源要素，自然景观与人文景观并重，既集太湖山水名胜之精华，又融风景游赏、休闲游憩、科普研究等功能于一体，是江苏旅游的重要名片。

无锡市：地处太湖北岸，苏锡常都市圈的重要城市，下辖5区2县，共计5A景区4个、4A景区27个，主要景区有太湖鼋头渚景区、灵山景区、三国城水浒城景区、惠山古镇景区、荡口古镇、南禅寺等。

苏州市：地处太湖东岸，著名江南水乡、全国重点旅游城市，下辖5区4县，共计5A景区6个、4A景区35个，主要景区有同里古镇风景区、周庄古镇风景区、苏州园林（拙政园、虎丘山、留园）、金鸡湖景区、吴中太湖旅游区、沙家浜虞山尚湖旅游区等。

常州市：地处太湖西岸，长江三角洲中心城市之一、先进制造业基地和文化旅游名城，下辖5区、代管1个县级市，共计5A景区3个、4A景区8个，主要景区有环球恐龙城休闲旅游区、天目湖、春秋淹城旅游区、青枫公园、宁禅寺等。

四川省旅游高质量发展研究报告

四川位于中国西南地区内陆，地处长江上游，东连重庆市，南邻云南省、贵州省，西接西藏自治区，北部与青海、甘肃、陕西3省相邻，是全国最大的彝族聚居区、第二大藏族聚居区和唯一的羌族聚居区所在省份，素有"天府之国"美誉。面积48.6万平方千米，下辖21个地级及以上行政区，包括成都市、自贡市、攀枝花市、泸州市、德阳市、绵阳市、广元市、遂宁市、内江市、乐山市、南充市、眉山市、宜宾市、广安市、达州市、雅安市、巴中市、资阳市18个地级及以上城市和阿坝藏族羌族自治州、甘孜藏族自治州、凉山彝族自治州3个自治州；共计183个县级行政区，其中市辖区55个、县级市19个、县105个、自治县4个。地势西高东低，西部以高原、山地为主，海拔多在4000米以上；东部以盆地、丘陵为主，海拔多在1000—3000米，地形复杂多样，东西差异显著。分属三大气候，分别为四川盆地中亚热带湿润气候、川西南山地亚热带半湿润气候和川西北高山高原高寒气候，总体湿润宜人。生态环境良好，森林蓄积量18.97亿立方米，居全国第3位；森林覆盖率为39.6%，草原综合植被覆盖度为85.6%，是长江、黄河上游的生态屏障。

作为文化和旅游资源大省，四川向来注重文旅事业发展。近年来，依托厚重的文化底蕴和优越的自然条件，四川已经把一批世界级的文化旅游资源转化为世界级的文化旅游产品，旅游文化产业日益兴旺，对全省经济发展的贡献和拉动作用也不断增大，旅游资源大省正在向旅游经济大省转变。

一　四川各市州旅游发展概况

四川下辖18市、3州共计21个地级及以上行政区，表1为各市州2021年旅游收入与接待游客基本情况。

表1　　　　　2021年四川市州旅游发展主要数据

序号	市、州	下辖区、县数量（个）			旅游总收入（亿元）	接待游客（万人次）
		合计	市辖区	县级市、县、自治县		
1	成都市	20	12	8	3085.00	20500.00
2	自贡市	6	4	2	583.94	11400.00
3	攀枝花市	5	3	2	382.70	2945.90

续表

序号	市、州	下辖区、县数量（个）			旅游总收入（亿元）	接待游客（万人次）
		合计	市辖区	县级市、县、自治县		
4	泸州市	7	3	4	515.40	5204.70
5	德阳市	6	2	4	51.70	875.00
6	绵阳市	9	3	6	646.50	6654.90
7	广元市	7	3	4	574.10	6410.90
8	遂宁市	5	2	3	363.20	3842.60
9	内江市	5	2	3	355.80	4044.00
10	乐山市	11	4	7	900.30	5853.60
11	南充市	9	3	6	786.10	8502.30
12	眉山市	6	2	4	432.80	4704.10
13	宜宾市	10	3	7	717.10	6922.10
14	广安市	6	2	4	367.60	3353.90
15	达州市	7	2	5	383.90	4422.10
16	雅安市	8	2	6	380.70	4211.60
17	巴中市	5	2	3	329.76	3660.40
18	资阳市	3	1	2	179.40	2320.00
19	阿坝藏族羌族自治州	13	0	13	342.95	4058.71
20	甘孜藏族自治州	18	0	18	385.00	3500.00
21	凉山彝族自治州	17	0	17	364.40	4868.70

四川21个市州中，有6个区县数量达到10个，成都是下辖区县数量最多的地级行政区，达到20个，资阳市区县数量最少，仅有3个；从内部构成上看，成都市所设市辖区数量最多，达到12个，而所设县数量最多的地级行政区是甘孜州，计18个县级市和县。

旅游数据方面，成都市以旅游总收入3085亿元、接待游客约2.05亿人次，成为2021年全省旅游表现最为突出的地级市，遥遥领先于其他市州。除成都市外，2021年旅游总收入超过500亿元的市州有7个，由高到低依次是乐山市、南充市、宜宾市、绵阳市、自贡市、广元市和泸州市，旅游总收入分别为900.3亿元、786.1亿元、717.1亿元、646.5亿元、583.94亿元、574.1亿元和515.4亿元；有13个州市全年旅游总收入在500亿元以下。

接待游客1亿—5000万人次的市州有6个，分别为南充市8502.3万人次、宜宾市6922.1万人次、绵阳市6654.9万人次、广元市6410.9万人次、乐山市5853.6万人次和泸州市5204.7万人次；全年接待游客不超过5000万人次的州市13个，其中攀枝花、资阳和德阳3市接待游客数量不足3000万人次。

总体上看，四川旅游具有地区发展不平衡的特点，各市州之间旅游业态特别是旅游总收入差距较大，2021年全省旅游总收入最高的成都市是旅游收入排名第二位乐山市的5.28倍，是旅游收入最少的德阳市的59.67倍。

二 四川市辖区旅游发展概况

四川下辖55个市辖区，2021年四川全部市辖区共计实现旅游总收入5381.8亿元，接待游客5.7亿人次，其数据分布情况见图1。

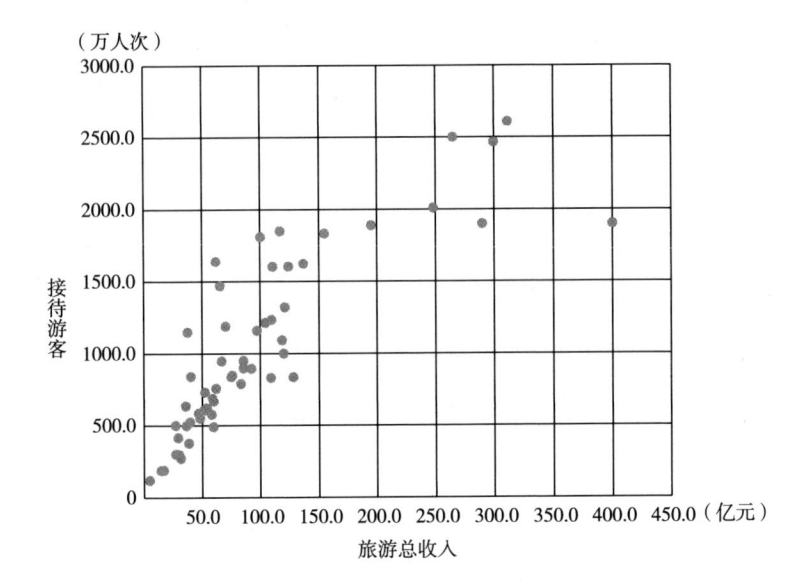

图1　2021年四川市辖区旅游发展主要数据分布

2021年四川55个市辖区平均旅游总收入97.9亿元。从区间分布上看，市中区（乐山市）是唯一一个旅游总收入达到400亿元的市辖区，在全省市辖区中排名首位；武侯区（成都市）在其之后，以311.4亿元位居第二；4个市辖区旅游总收入在300亿—200亿元，它们均来自成都市，由高到低依次为青羊区299.7亿元、成华区290.0亿元、锦江区265.0亿元和金牛区248.0亿元，在全部市辖区中位列第三至第六；14个市辖区旅游总收入在200亿—100亿元；另有35个市辖区旅游总收入低于100亿元，占全部市辖区数量的63.6%。

接待游客方面，全省市辖区范围2021年平均接待1036.4万人次。其中，成都市的武侯、锦江、青羊、金牛4区游客量均超过2000万人，分别以2609.0万人次、2500.0万人次、2466.4万人次和2010.0万人次居省内市辖区接待游客前四位；19个市辖区接待游客在2000万—1000万人次，其中，成华区（成都市）、市中区（乐山市）、翠屏区（宜宾市）、顺庆区（南充市）、利州区（广元市）等10个市辖区接待游客在2000万—1500万人次，自流井区（自贡市）、雨城区（雅安市）、游仙区（绵阳市）等9个市辖区接待游客在1500万—1000万人次；另有32个市辖区2021年接待游客在1000万人次以下，占全部市辖区数量的58.2%。

三 四川县级市、县、自治县旅游发展概况

四川共设县128个，其中19个县级市、105个县、4个自治县（以下统称为"县"），2021年四川县域旅游收入达到6748.5亿元，接待游客7.2亿人次。图2为各县旅游收入与接待游客数据分布。

2021年四川128县平均旅游总收入52.7亿元。从收入区间上看，1个县旅游总收入超过300亿元，该县为都江堰市（成都市），全年旅游总收入达到385.69亿元，居省内县域之首；峨眉山市（乐山市）、西昌市（凉山州）2县旅游总收入在300亿—200亿元，二

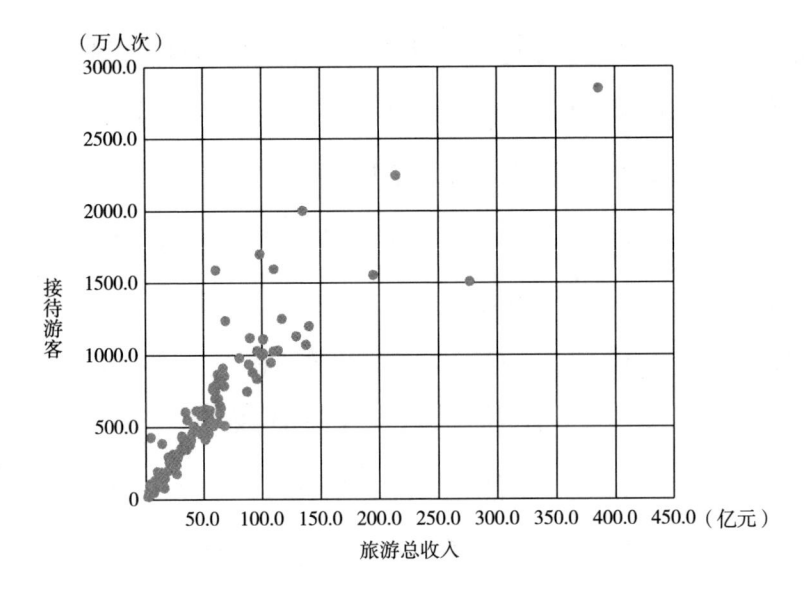

图 2　2021 年四川各县旅游发展主要数据分布

者分别以 276.6 亿元、214.4 亿元位列县域旅游总收入之第二和第三位；阆中市（南充市）以 195.1 亿元、接近 200 亿元规模排在县域旅游总收入第四位；除阆中市外，长宁县（宜宾市）、射洪市（遂宁市）、江油市（绵阳市）、青川县（广元市）、康定市（甘孜州）等 13 个县 2021 年旅游总收入在 200 亿—100 亿元；约有 86.7% 的县，即 111 个县级市、县、自治县全年旅游总收入低于 100 亿元，该区间也是四川县域旅游总收入分布最为集中的区域。

2021 年四川县域平均接待游客约 563.6 万人次。其中，都江堰市、西昌市、崇州市（成都市）分别以 2850.0 万人次、2245.6 万人次、2003.1 万人次居省内县域接待游客前三位，三者接待游客均达到2000万人次；5个县接待游客在2000万—1500万人次，由高到低依次为大邑县（成都市）、邛崃市（成都市）、彭州市（成都市）、阆中市和峨眉山市，接待游客规模分别达到1702.3万人次、1596.2万人次、1588.5万人次、1554.6万人次和1508.6万人次；南部县（南充市）、大英县（遂宁市）、洪雅县（眉山市）、古蔺县（泸州市）、广汉市（德阳市）等13个县2021年接待游客在1500万—1000万人次；另有107个县全年游客接待量在1000万人次以下，占全部县数的83.6%。

四 四川市辖区与县域旅游发展比较

表2为四川市辖区与县域2021年旅游总收入、接待游客两项数据。

表2　　2021年四川市辖区与县域旅游发展主要数据比较

数据类别	数据项	市辖区数量（个）	市辖区中占比（%）	县数量（个）	县中占比（%）
旅游总收入（亿元）	>200	6	10.9	3	2.4
	200（含）—100	14	25.5	14	10.9
	100（含）—50（含）	19	34.5	43	33.6
	<50	16	29.1	68	53.1

续表

数据类别	数据项	市辖区数量（个）	市辖区中占比（%）	县数量（个）	县中占比（%）
接待游客（万人次）	>2000	4	7.3	3	2.3
	2000（含）—1000	18	32.7	18	14.1
	1000（含）—500（含）	23	41.8	41	32.0
	<500	10	18.2	66	51.6

四川市辖区2021年平均旅游总收入（97.9亿元）、平均接待游客（1036.4万人次）均接近县（平均旅游收入52.7亿元、平均接待游客563.6万人次）的2倍。

分项来看，旅游总收入数据方面，20个市辖区2021年旅游总收入超过100亿元，占全部市辖区的36.4%，其中6个市辖区旅游总收入超过200亿元，17个县旅游总收入超过100亿元，在全部县中占比13.3%；在100亿元及以下旅游总收入的县级行政区中，19个市辖区、43个县收入达到50亿元，在各自地区中占比较为接近，分别达到34.5%和33.6%；2021年旅游总收入低于50亿元的市辖区16个、县68个，超过省内全部县数量的一半，比例达53.1%。

接待游客方面，在市辖区范围，2021年接待游客数量分布集中度最高的分布在1000万至500万人次的区间内，该区间的市辖区数量达到23个，在全部市辖区中占比41.8%；22个市辖区全年接待游客超过1000万人次，其中，4个市辖区接待游客超过

2000万人次；10个市辖区游客接待量低于500万人次。在县域范围，接待游客数量分布集中度最高的是在500万人次以下的区间内，超过一半数量的县，即66个县2021年接待游客低于500万人次；41个县接待游客在1000万—500万人次，在全部县中占比32%；接待游客在1000万人次以上的县有21个，在省内县域中占比16.4%。

五　特色旅游线路：成都平原经济区

成都平原经济区是四川省"一干多支，五区协同"区域发展新格局下，充分发挥各地比较优势、不断增强发展整体性、全面提升省域发展能级的五大经济区之一，它以成都平原地区为中心，以省会成都市为极核，在所有经济区中所涉市州数量最多，由成都、绵阳、德阳、乐山、眉山、遂宁、资阳、雅安8座地级市组成。

成都平原经济区经济社会发展和旅游发展长期位于全省各区域之首，2021年其经济总量突破3万亿元，达32927.8亿元，比2020年增长8.5%，对全省经济增长的贡献率达到63.2%，其中，环成都经济圈地区生产总值13010.8亿元，增长8.4%①；2021年实现旅游总收入6343.2亿元，接待游客约6.6亿人次。

成都平原经济区主要城市与旅游项目有：

成都市：位于四川中部，省会、副省级城市，中国首批国家历史文化名城之一，西南地区重要的中心城市。下辖12区8县，所含国家级5A景区2个、4A级景区5个，主要景区有青城山—都江堰旅游景区、安仁古镇、成都大熊猫繁育研究基地、杜甫草堂博物馆、西岭雪山等。

绵阳市：位于四川盆地西北部、成渝西"西三角"腹心地带，四川第二大经济体、成渝地区双城经济圈第三城。下辖3区6县，所含5A景区1个、4A景区15个，主要景区有北川羌城旅游区、江油李白故居旅游景区、九皇山景区、梓潼县两弹城旅游景区等。

乐山市：位于四川中部、四川盆地西南部，南丝绸之路和长江经济带交汇处，成都平原中心城市之一。下辖4区7县，所含5A景区2个、4A景区14个，主要景区有峨眉山风景区、乐山大佛景区、黑竹沟风景区、郭沫若故居、大渡河金口大峡谷旅游景区、罗城

---

① 《2021年成都平原经济区经济总量突破3万亿元》，四川省人民政府网，2022年5月23日，https://www.sc.gov.cn/10462/10464/10797/2022/5/23/c1e4c42bf0bb4f71a80541eb42c41d85.shtml；《2021年四川省国民经济和社会发展统计公报》，四川省人民政府网，2022年3月14日，https://www.sc.gov.cn/10462/c108715/2022/3/14/099b4e5265174012853dea414ac9fdf5.shtml。

古镇等。

雅安市：位于四川盆地西部边缘、与青藏高原的结合地带，是汉文化与民族文化、现代中心城市与原始自然生态区的过渡区域，有"雨城"之称。下辖2区6县，所含5A景区1个、4A景区20个，主要景区有碧峰峡、牛碾坪万亩观光茶园、上里古镇、芦山县汉姜古城旅游景区、二郎山国家森林公园等。

德阳市：位于成都平原东北边缘，下辖2区4县，所含4A景区7个，其中以广汉三星堆博物馆、绵竹九龙山—麓棠山旅游区、罗江县白马关旅游景区等为代表。

重庆市旅游高质量发展研究报告

重庆，中华人民共和国省级行政区、直辖市，国家中心城市、超大城市，历史文化名城；位于中国西南部、长江上游地区，地跨青藏高原与长江中下游平原的过渡地带，东邻湖北、湖南两省，南靠贵州，西接四川，北连陕西。面积8.24万平方千米，下辖38个区县，其中26个市辖区、8个县、4个自治县。地貌以丘陵、山地为主，其中山地占76%，故有"山城"之称；长江干流横贯全境，流程691千米，横穿巫山三个背斜，形成瞿塘峡、巫峡和西陵峡（湖北省），即著名的长江三峡；嘉陵江、乌江、涪江等多条河流在域内交汇。总体地势东南部、东北部高，中部和西部低，由南北向长江河谷逐级降低。以亚热带季风型湿润气候为主，空气湿润，降水丰富，日照短、多云雾，立体气候显著。森林蓄积量2.5亿立方米，森林覆盖率达54.5%，是长江上游重要的生态屏障。

重庆文化旅游资源丰富，截至2021年年末，全市拥有国家A级景区269个，其中5A级景区10个、4A级景区131个。根据《2021年重庆市国民经济和社会发展统计公报》，重庆旅游及相关产业2021年实现增加值的1076.09亿元，较2020年增长9.9%；占地区生产总值的比重为3.9%。未来，重庆旅游将以"山水之城·美丽之地"品牌为战略支点，以世界级遗产资源为发展引擎，着力推动文化旅游深度融合与高质量发展，逐步完善旅游产业体系和旅游公共服务体系，加快建成世界级知名旅游目的地。

一 重庆市辖区旅游发展概况

重庆下设渝中、万州、涪陵、大渡口、江北、沙坪坝、九龙坡、南岸、北碚、綦江、大足、渝北、巴南、黔江、长寿、江津、合川、永川、南川、璧山、铜梁、潼南、荣昌、开州、梁平、武隆26个市辖区。2021年全市市辖区共计实现旅游总收入3585.9亿元，接待游客约6.5亿人次，各市辖区平均旅游总收入137.9亿元，平均接待游客2517.1万人次。图1为26区2021年旅游总收入与接待游客相关数据分布情况。

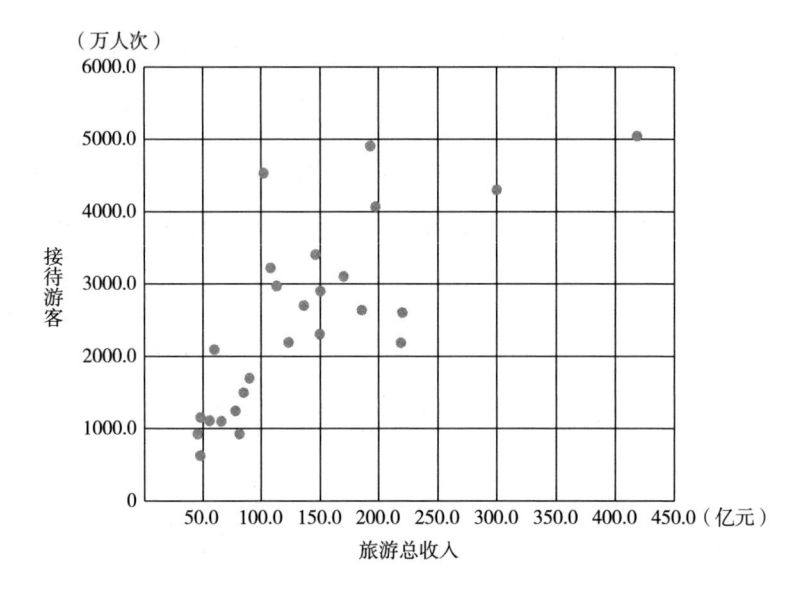

图 1　2021 年重庆市辖区旅游发展主要数据分布

在旅游总收入方面，渝中区以 418.3 亿元位居 2021 年全市市辖区之首，是旅游总收入最少的綦江区的 9 倍之多。南岸区在其之后，全年旅游总收入达到 300.0 亿元，在全部市辖区中位居第二。涪陵区、北碚区分别以 220.2 亿元、218.9 亿元排名第三和第四位，2 区旅游总收入均超过 200 亿元。12 个市辖区旅游总收入在 200 亿—100 亿元，接近全部市辖区数量的 50%，其中，5 个市辖区收入规模超过 150 亿元，由高到低依次是武隆区（197.3 亿元）、九龙坡区（193.0 亿元）、永川区（185.6 亿元）、南川区（170.0 亿元）和大足区（150.0 亿元），渝北、万州、潼南、沙坪坝、黔江、江北、巴南 7 区 2021 年旅游总收入则在 150 亿—

100亿元，分别为146.1亿元、123.0亿元、149.6亿元、108.0亿元、136.0亿元、102.2亿元和113.1亿元。10个市辖区旅游总收入低于100亿元，其中大渡口区、璧山区、綦江区旅游总收入未达到50亿元。

在接待游客方面，5个市辖区2021年接待规模超过4000万人，这5区是渝中区、武隆区、南岸区、九龙坡区和江北区，接待量分别达到5043.8万人、4070.0万人、4301.0万人、4906.1万人和4531.0万人，5区接待游客超过市辖区接待总量的1/3，约为35%。12个市辖区全年接待游客4000万—2000万人次，其中渝北、沙坪坝、南川3区接待游客超过3000万人次，分别达到3409.3万人次、3218.0万人次和3103.0万人次；永川、万州、潼南、黔江、合川、涪陵、大足、北碚、巴南9区2021年接待游客在3000万—2000万人次，巴南区、大足区接近3000万人次规模，接待游客分别达到2970.0万人次和2900.0万人次，其他6区接待游客量各为永川区2636.0万人次、万州区2193.8万人次、潼南区2306.0万人次、合川区2093.9万人次、涪陵区2602.2万人次和北碚区2188.0万人次。铜梁、荣昌、梁平、开州、江津和璧山6区2021年接待游客在2000万—1000万人次；另有长寿、綦江、大渡口3区全年游客量低于1000万人次。

二 重庆县域旅游发展概况

重庆共计12个县，包括城口、丰都、垫江、忠县、云阳、奉节、巫山、巫溪8县与石柱土家族自治县、秀山土家族苗族自治县、酉阳土家族苗族自治县、彭水苗族土家族自治县4个自治县。2021年重庆县域共计旅游收入1114.2亿元，接待游客约2.1亿人次，各县平均旅游总收入92.9亿元，平均接待游客1722.8万人次。图2为12县旅游总收入、接待游客数据分布情况：

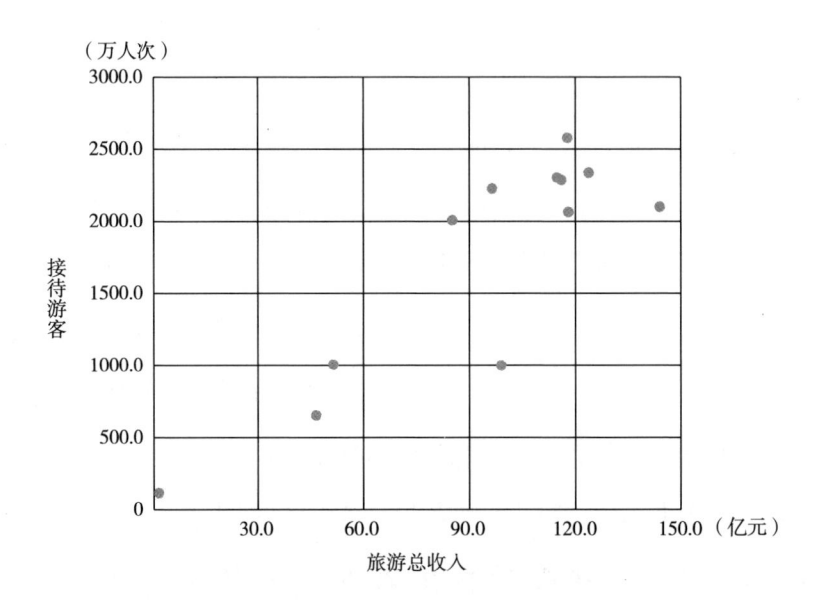

图2 2021年重庆各县旅游发展主要数据分布

重庆 12 县中，有 50% 的县，即 6 个县 2021 年旅游总收入达到 100 亿元，按旅游总收入规模由高到低依次是石柱县（144.0 亿元）、彭水县（123.8 亿元）、秀水县（118.0 亿元）、云阳县（117.7 亿元）、奉节县（116.0 亿元）和丰都县（114.8 亿元）。垫江、巫山、酉阳 3 县全年旅游总收入接近 100 亿元，分别达到 99.0 亿元、96.4 亿元和 85.2 亿元。忠县、城口县、巫溪县 2021 年旅游总收入低于 60 亿元。

云阳县以 2576.3 万人次成为 2021 年重庆接待游客数量最多的县，接待规模超过 2500 万人次。彭水、丰都、奉节、巫山、石柱、秀山、酉阳 7 县全年接待游客在 2000 万人次以上，分别达到 2336.0 万人次、2302.0 万人次、2285.6 万人次、2226.0 万人次、2101.0 万人次、2064.0 万人次和 2006.2 万人次。其余 4 县中，忠县和垫江县接待游客在 2000 万—1000 万人次，城口县和巫溪县接待游客在 1000 万人次以下。

三 重庆市辖区与县、自治县旅游发展比较

重庆 26 市辖区和 12 县 2021 年旅游总收入、接待游客情况如表 1 所示。

表 1　2021 年重庆市辖区与县、自治县旅游发展主要数据比较

数据类别	数据项	市辖区数量（个）	市辖区中占比（%）	县、自治县数量（个）	县中占比（%）
旅游总收入（亿元）	>200	4	15.4	0	0
	200（含）—100	12	46.2	6	50
	100（含）—50（含）	7	26.9	4	33.3
	<50	3	11.5	2	16.7
接待游客（万人次）	>3000	8	30.8	0	0
	3000（含）—2000	9	34.6	8	66.6
	2000（含）—1000（含）	6	23.1	2	16.7
	<1000	3	11.5	2	16.7

就 2021 年重庆区县旅游发展总体数据来看，市辖区全年完成旅游总收入 3585.9 亿元，接待游客约 6.5 亿人次；县、自治县全年完成旅游总收入 1114.2 亿元，接待游客约 2.1 亿人次；市辖区平均旅游总收入和平均接待游客均约为县域的 1.5 倍。

分项来看，旅游总收入方面，最多数量的市辖区和县、自治县均集中在 200 亿—100 亿元的收入区间内，分别达到 12 个和 6 个，在各自地区中占比 46.2% 和 50%。100 亿元以下旅游总收入的市辖区有 10 个，在全部市辖区中占比 38.4%，其中 7 个旅游总收入在 50 亿元以上，3 个不足 50 亿元；县域范围，除 200 亿—100 亿元这一收入区间外，剩余 6 县 2021 年旅游总收入均在 100 亿元及以下，在此 6 县之中，4 个县旅游总收入在 50 亿元及以上，2 个县不足 50 亿元。旅游总收入超过 200 亿元规模的 4 个地区，均来自市辖区。

在接待游客方面，2021年游客量超过3000万人的地区单位有8个，全部为市辖区，在市辖区中占比达30.8%。接待游客在3000万—2000万人次的区县数量较为接近，各有9个和8个，在各自地区中占比分别为34.6%和66.6%。6个市辖区和2个县、自治县全年接待游客在2000万—1000万人次，在区域百分比中分别为23.1%和16.7%。此外，还有3个市辖区和2个县、自治县接待游客不足1000万人次。

综上，2021年重庆区县旅游发展水平总体较为接近，市辖区范围略微强于县域范围。主要原因在于，占据旅游收入、接待游客两项数据头部位置（如全年旅游总收入在200亿元以上、接待游客在3000万人次以上）的地区以市辖区为主。

四　特色旅游线路：巴蜀文化旅游走廊之重庆段

共建巴蜀文化旅游走廊是重庆市、四川省贯彻落实党中央、国务院关于"推动成渝地区双城经济圈建设、打造高质量发展重要增长极"重大决策部署的具体行动和重点项目，地理上指的是以重庆主城和成都为核心，以连接两地的高速铁路、高速公路和长江水系沿线市区（县）为重要组成部分的区域。该区域集中国西部最密集人口、最雄厚产业基础、最强创新能力、最广阔市场空间、最高开放程度等各项优势于一体，生态禀赋优良、文化和旅游资源丰富，域内资源环境的开发、整合与创新应用，将对引领区域文化旅游高质量发展、培育中国文化和旅游新发展空间、打造全国文化和旅游发展新增长极产生积极影响。

巴蜀文化旅游走廊重庆段包括重庆市中心城区及万州、涪陵、綦江、大足、黔江、长寿、江津、合川、永川、南川、璧山、铜梁、潼南、荣昌、梁平、丰都、垫江、忠县等27个区（县）以及开州、云阳的部分地区，辐射带动重庆全市范围。

巴蜀文化旅游走廊重庆段主要区县与旅游项目有：

渝中区：位于长江、嘉陵江交汇处，两江环抱、形似半岛，巴渝文化、抗战文化、红岩精神等地域文化的中心区域，重庆之"母城"。主要景区有洪崖洞民俗风貌区、重庆湖广会馆、长江索道景区、红岩革命历史博物馆、重庆人民大礼堂等。

南岸区：位于长江、嘉陵江交汇处的长江南岸，重庆主城都市区之一，拥有南坪、江南新城两个城市副中心。主要景区有加勒比海水世界景区、南山植物园、抗战遗址博物馆、长嘉汇弹子石老街等。

北碚区：位于重庆主城西北方向，缙云山麓、嘉陵江畔，重庆主城九区之一，两江新区的重要组成部分。主要景区有缙云山风景名胜区、重庆自然博物馆、金刀峡景区、北泉风景区等。

涪陵区：位于重庆中部、三峡库区腹心地带，长江、乌江交汇之处，有"川东南门户"之称。主要景区有武陵山大裂谷景区、武陵山国家森林公园、大木花谷·林下花园景区、白鹤梁水下博物馆等。

南川区：位于重庆南部，渝、黔两省（直辖市）的交汇地区，全市四个同城化发展先行区之一。主要景区有金佛山、山王坪、十二金钗大观园、神龙峡、黎香湖等。

永川区：位于长江上游北岸、重庆西部，成渝地区双城经济圈主轴，是巴蜀文化旅游走廊川渝交汇点和黄金节点。主要景区有乐和乐都景区、茶山竹海旅游景区、松溉古镇、永川博物馆、石笋山景区等。

丰都县：位于长江上游，地处重庆地理中心，三峡库区腹心，古为巴子别都。主要景区有雪玉洞景区、名山风景区、九重天景区、南天湖旅游度假区等。

奉节县：位于重庆东北部，三峡库区腹心地带，主要景区有白帝城·瞿塘峡景区、天坑地缝景区、青龙镇大窝景区、三峡之巅景区、三峡原乡景区、夔州博物馆等。

江西省旅游高质量发展研究报告

江西位于中国东南偏中部，长江中下游南岸，长江三角洲、珠江三角洲和闽南三角地区腹地；东邻浙江、福建，南连广东，西靠湖南，北毗湖北、安徽而共接长江。面积16.69万平方千米，总人口4518余万，下辖南昌、景德镇、萍乡、九江、新余、鹰潭、赣州、吉安、宜春、抚州、上饶11个地级市；合计100个县级区划，其中27个市辖区、12个县级市、61个县。常态地貌类型以山地、丘陵为主，其中，山地占全省面积的36%，丘陵占42%、平原占12%、水域占10%。地处长江流域，河网纵横，湖泊众多，水资源较为丰富。属亚热带季风湿润气候，四季分明，天气复杂多变。森林蓄积量7.10亿立方米，覆盖率63.35%，位居全国前列。

江西是"红色摇篮、绿色家园"，旅游资源十分丰富。经过多年发展，全省现有旅游景区（点）2500余处。其中，国家5A级景区11处、国家4A级景区143处。根据《江西省国民经济和社会发展统计公报》，2021年全省旅游总收入6769.0亿元，增长24.8%；旅游接待总人数74297.3万人次，比上年增长33.4%。

一 江西地级市旅游发展概况

江西共设11个地级市，各市2021年旅游总收入与接待游客基本情况如表1所示。

表1　2021年江西地级市旅游发展主要数据

序号	地级市	下辖区、县数量（个）			旅游总收入（亿元）	接待游客（万人次）
		合计	市辖区	县级市、县		
1	南昌市	9	6	3	1577.34	17500.00
2	景德镇市	4	2	2	479.44	5331.65
3	萍乡市	5	2	3	447.51	5765.26
4	九江市	13	3	10	774.00	9382.00
5	新余市	2	1	1	564.04	5434.37
6	鹰潭市	3	2	1	76.30	878.30
7	赣州市	18	3	15	1522.00	14000.00
8	吉安市	13	2	11	1075.56	10900.00
9	宜春市	10	1	9	1152.79	11900.00
10	抚州市	11	2	9	454.83	5947.43
11	上饶市	12	3	9	2250.10	21500.00

11个地级市之中，6市所辖区县数量超过10个，其中，赣州市数量最多，达到18个；九江市和吉安市均以13个位居第二；新余市所辖区县数量最少，只有

2个。从各市区县构成上看，大多数地级市所辖县（市）数量多于辖区数量，省会南昌市既是唯一一个辖区数量多于县（市）数量的地级市，也是省内辖区数量最多的地级市，市辖区数量达到6个；赣州市所辖县（市）数量最多，有15个。

旅游方面数据，上饶市以2250.1亿元居2021年江西各地级市旅游总收入首位，南昌市、赣州市、宜春市、吉安市4个城市旅游总收入超过1000亿元，九江市、新余市旅游总收入居第六、第七位，旅游总收入分别为774亿元、564.04亿元。景德镇市、抚州市和萍乡市旅游总收入都在500亿元以下，分别为479.44亿元、454.83亿元和447.51亿元。鹰潭市最低，2021年旅游总收入仅为76.3亿元。

接待游客方面，上饶等5个城市2021年接待游客人数超过1亿人次规模。具体来看，上饶最高，为2.15亿人次，南昌市、赣州市、宜春市、吉安市和九江市紧随其后，分别为1.75亿人次、1.4亿人次、1.19亿人次和1.09亿人次；九江市位居第6位，2021年接待游客人数为9382万人次；从抚州市（5947.43万人次）开始，出现明显断档，萍乡市、新余市、景德镇市都不到6000万人次，分别为5765.26万人次、5434.37万人次、5331.65万人次；鹰潭市最少，为878.3万人次。

二 江西市辖区旅游发展概况

江西下设27个市辖区,在南昌市6个,九江市、赣州市、上饶市各3个,景德镇市、萍乡市、鹰潭市、抚州市各2个,新余市、宜春市各1个。2021年江西27区共计实现旅游收入2095.1亿元,接待游客2.4亿人次,平均旅游收入77.6亿元,平均接待游客884.3万人次。

图1为2021年江西市辖区旅游收入与接待游客相关数据分布情况。

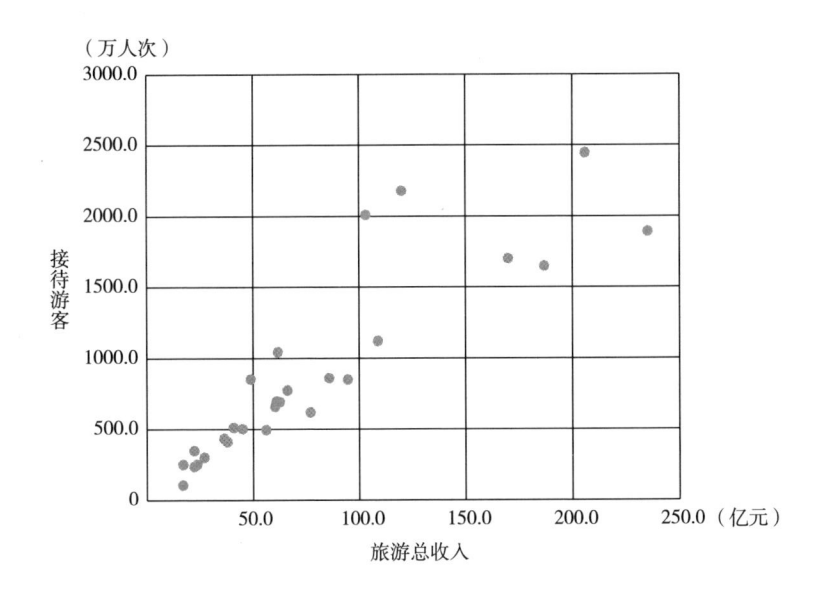

图1 2021年江西市辖区旅游发展主要数据分布

在 2021 年江西旅游总收入统计中,排名前三位的市辖区依次为章贡区(赣州市)、信州区(上饶市)和安源区(萍乡市),旅游总收入分别达到 235.3 亿元、214.54 亿元和 186.7 亿元,3 市收入之和接近全部市辖区的 30%。广信区(上饶市)、昌江区(景德镇市)、渝水区(新余市)和新建区(南昌市)分列 2021 年江西市辖区旅游总收入第四至第七位,4 区旅游总收入均超过 100 亿元,分别为 175 亿元、120.0 亿元、108.9 亿元和 103.3 亿元。排名第八至第十位的是柴桑区(九江市)、湘东区(萍乡市)和袁州区(宜春市),各自的旅游总收入为 94.7 亿元、85.9 亿元和 77.1 亿元。除前十市辖区外,另有广丰区(上饶市)、西湖区(南昌市)、濂溪区(九江市)、青原区(吉安市)、南康区(赣州市)6 区 2021 年旅游总收入达到 50 亿元,其余 11 区则不足 20 亿元。

接待游客方面,信州、昌江、新建 3 区分别以 2651.47 万人次、2178.0 万人次和 2009.7 万人次居 2021 年省内市辖区接待游客前三位,3 区接待规模均超过 2000 万人次。章贡区、广信区和安源区排名第四至第六位,接待游客分别达到 1890.0 万人次、1700.0 万人次和 1647.0 万人次。渝水区以 1120.5 万人次居第七位,青原区在其之后,排名第八位,接待游客 1044.6 万人次。湘东区、柴桑区、东湖区(南昌市)

等10区全年接待游客在1000万—500万人次，另有9区接待游客低于500万人次。

三 江西县级市、县旅游发展概况

江西辖12个县级市、61个县，共计73个县级市、县。2021年县域旅游总收入达到4590.5亿元，平均旅游总收入62.9亿元，接待游客约5.3亿人次，平均接待游客729.7万人次。

图2为各县级市、县旅游收入和接待游客数据分布情况。

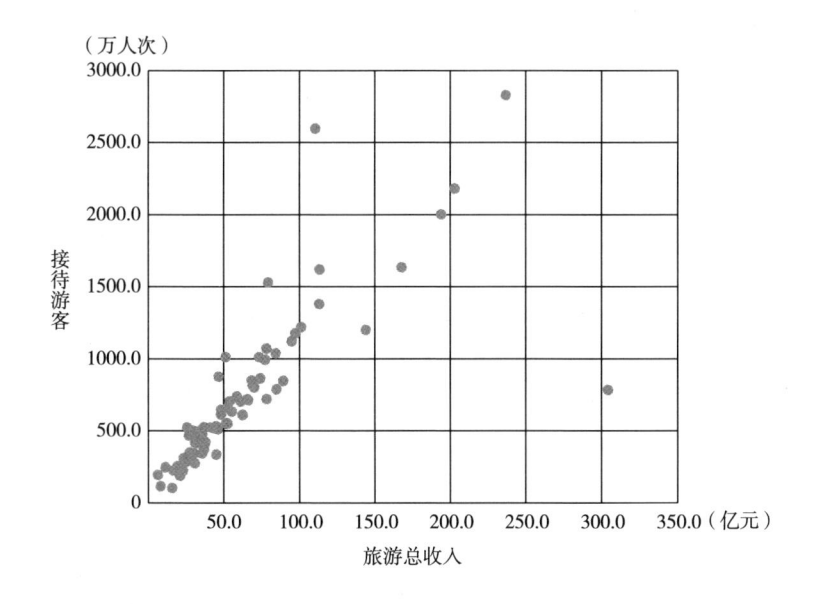

图2 2021年江西县级市、县旅游发展主要数据分布

县域范围，2021年旅游总收入最高的是南昌县（南昌市），达到304.4亿元，甚至在全省县级行政单位中（含市辖区）也位居榜首。庐山市（九江市）和玉山县（上饶市）排名第二、第三位，旅游总收入分别为236.8亿元和203.0亿元，二者均达到200亿元规模。接下来排名第四至第十的县（市）依次为婺源县（上饶市）、上栗县（萍乡市）、乐平市（景德镇市）、永修县（九江市）、德兴市（上饶市）、鄱阳县（上饶市）和遂川县（吉安市），旅游总收入分别达到194.0亿元、167.8亿元、144.0亿元、113.3亿元、113.0亿元、110.4亿元和101.0亿元。63个县（市）2021年旅游总收入在100亿元以下，在全部县（市）中占比达到86%。

游客方面数据，庐山市、鄱阳县位列2021年江西接待游客前两位县（市），游客数量分别达到2827.1万人次和2596.0万人次。另外2个接待游客超过2000万人次的县（市）为玉山县和婺源县，各自接待游客2181.0万人次和2003.4万人次，在全部县（市）中排名第三、第四位。上栗县、永修县和瑞金市（赣州市）分别以1632.3万人次、1618.0万人次和1529.9万人次位列江西县域接待游客第五至第七位，3县（市）2021年接待游客均超过1500万人次。德兴市、乐平市（景德镇市）、浮梁县（景德镇市）、遂川县

（吉安市）、井冈山市（吉安市）、靖安县（宜春市）、铜鼓县（宜春市）、武宁县（九江市）、共青城市（九江市）9县（市）2021年接待游客均超过1000万人次，分别达到1380.0万人次、1200.0万人次、1071.5万人次、1220.0万人次、1037.5万人次、1122.2万人次、1013.0万人次、1176.5万人次和1012.0万人次。57个县（市）全年接待游客低于1000万人次。

四 江西市辖区与县级市、县旅游发展比较

表2为江西27市辖区、63县、县级市2021年旅游收入和接待游客两项数据比较。

表2　2021年江西市辖区与县、县级市旅游发展主要数据比较

数据类别	数据项	市辖区数量（个）	市辖区中占比（%）	县、县级市数量（个）	县中占比（%）
旅游总收入（亿元）	>200	2	7.4	3	4.1
	200（含）—100	5	18.5	7	9.6
	100（含）—50（含）	9	33.3	25	34.2
	<50	11	40.8	38	52.1
接待游客（万人次）	>2000	3	11.1	4	5.5
	2000（含）—1000	5	18.5	12	16.4
	1000（含）—500（含）	10	37.1	30	41.1
	<500	9	33.3	27	37.0

关于旅游总收入的区间分布，全年低于50亿元的区、县数量均为最多，分别有11个、38个，在各自地

区中占比40.8%和52.1%；100亿（含）—50亿（含）元区间上，集中了9个市辖区和25个县（市），二者在所在地区中比例较为接近，均在1/3左右；旅游收入在200亿（含）—100亿元的市辖区有5个，在全部市辖区中占比18.5%，县（市）7个，在全部县（市）中占比9.6%，约为前者的一半；此外，2个市辖区和3个县（市）全年旅游收入超过200亿元。

接待游客一项的区间分布，区县同样表现出某种一致性趋势。最高比例的区县均集中在1000万（含）—500万（含）人范围，数量分别为10个、30个，在各自地区中占比达到37.1%和41.1%；次高的区县占比集中在500万人以下这一区间内，共有市辖区7个，县（市）27个，所占百分比分别达到33.3%和37%；2000万（含）—1000万人范围是区县比例第三高的单位区间，区县数量分别为5个和12个；3个市辖区和4个县（市）2021年接待游客超过2000万人次，在各自地区中占比11.1%和5.5%。

五　特色旅游线路：赣北环鄱阳湖五彩精华旅游线

赣西北环鄱阳湖五彩精华旅游线是江西省集聚自身旅游资源优势、展现省情独特魅力、面向市场精心打造的四条黄金旅游线路之一（另外三条分别为赣中南红色经典旅游线、赣西南绿色精粹旅游线和鄱阳湖体原生态旅游线）。该线路以鄱阳湖生态区为中心，以"领悟东方山魂水韵，感受千古瓷艺乡风"为主题，途经南昌、九江、景德镇、上饶、鹰潭5市多地，涵盖自然风光、山水风景、民俗风情、乡土风物、社会风尚于一线，是展示江西风范的一张靓丽名片。

赣北环鄱阳湖五彩精华旅游线主要地区与旅游项目有：

南昌市：地处长江中下游，濒临鄱阳湖西南岸，共建"一带一路"重要节点城市、长江经济带中心城市、中部地区崛起战略支点城市。下辖6区3县，建有4A景区15个、5A景区1个，主要景区包括滕王阁、安义千年古村群、八一起义纪念馆、汉代海昏侯国国家考古遗址公园、绿地中心双子塔等。

九江市：地处江西北部，长江、鄱阳湖、京九铁路三大经济开发带交叉点，长江中游区域中心港口城市，有"三江之口，七省通衢"之称。下辖3区10县，建有4A景区24个、5A景区2个，主要景区包括庐山风景区、庐山西海风景区、龙宫洞旅游风景区、共青城富华山景区、八里湖公园等。

景德镇市：地处江西东北部，黄山、怀玉山余脉与鄱阳湖平原过渡地带，世界手工艺与民间艺术之都，国家首批历史文化名城，有"瓷都"称号。下辖 2 区 2 县，建有 4A 景区 11 个、5A 景区 1 个，主要景区包括景德镇古窑民俗博览区、高岭·瑶里风景区、浮梁古县衙、洪岩仙境风景区、乐平怪石林景区等。

上饶市：地处江西东北部，位于长江三角洲地区、海峡西岸经济区、鄱阳湖生态经济区交汇地带，中国优秀旅游城市。下辖 3 区 9 县，建有 4A 景区 35 个、5A 景区 3 个，主要景区包括三清山风景区、婺源江湾·李坑景区、龟峰风景名胜区、鄱阳湖国家湿地公园、大茅山景区、广丰铜钹山景区等。

鹰潭市：位于江西东北部、信江中下游，面向珠江、长江、闽南三个"三角洲"，内地连接东南沿海的重要通道之一，别号"道都"。下辖 2 区 1 县，建有 4A 景区 3 个、5A 景区 1 个，主要景区包括龙虎山风景名胜区、余江眼镜产业园景区、中国血防红旗博览区、青茅境景区等。

云南省旅游高质量发展研究报告

  云南位于中国西南边陲，东与广西壮族自治区和贵州省毗邻，北以金沙江为界与四川省隔江相望，西北隅临靠西藏自治区，西部相邻缅甸，南部和东南部分别与老挝、越南接壤。下辖昆明市、曲靖市、玉溪市、保山市、昭通市、丽江市、普洱市、临沧市、楚雄彝族自治州、红河哈尼族彝族自治州、文山壮族苗族自治州、西双版纳傣族自治州、大理白族自治州、德宏傣族景颇族自治州、怒江傈僳族自治州以及迪庆藏族自治州16个市州；计129个县级行政区，包括17个市辖区、18个县级市、65个县、29个自治县。总面积39.41万平方千米，其中94%为高原山地，海拔高差明显，地势自西北向东南呈阶梯状下降，山谷相间，河川纵横，湖泊众多，水系密布。地跨北温带和热带，北回归线横贯其间，属亚热带高原季风性气候，干湿季节分明，立体气候特点显著。

云南旅游业发展条件优越，高原峡谷风光壮丽，区域边疆风物奇绝，民族民俗风情浓郁，于国内外享誉美名。2021年云南省旅游发展稳中有固，在持续推动现代旅游体系建设与文旅产业转型升级中，积极准备，等待疫情凛冬过去，迎接产业复苏。

一 云南市州旅游发展概况

云南下辖16个地级行政区，地级市、自治州各8个，其2021年旅游发展主要数据如表1所示。

表1　　2021年云南市州旅游发展主要数据

序号	市州	下辖区、县数量（个）			旅游总收入（亿元）	接待游客（万人次）
		合计	市辖区	县级市、县、自治州		
1	昆明市	14	7	7	2387.22	17400.00
2	曲靖市	9	3	6	443.00	4352.00
3	玉溪市	9	2	7	394.20	4489.50
4	保山市	5	1	4	338.50	3041.10
5	昭通市	11	1	10	263.77	3258.16
6	丽江市	5	1	4	268.64	2077.24
7	普洱市	10	1	9	254.14	2518.84
8	临沧市	8	1	7	214.00	2395.60
9	楚雄彝族自治州	10		10	560.25	5373.79
10	红河哈尼族彝族自治州	13		13	589.91	5398.22
11	文山壮族苗族自治州	8		8	496.50	5546.00
12	西双版纳傣族自治州	3		3	432.08	2721.09
13	大理白族自治州	12		12	539.50	4451.82

续表

序号	市州	下辖区、县数量（个）			旅游总收入（亿元）	接待游客（万人次）
		合计	市辖区	县级市、县、自治州		
14	德宏傣族景颇族自治州	5		5	74.24	828.71
15	怒江傈僳族自治州	4		4	29.20	283.45
16	迪庆藏族自治州	3		3	94.82	933.73

在云南地级行政范围，有6个市州的县级行政区数量在10个以上，分别为昆明、昭通、普洱3市和楚雄州、红河州、大理州3州。① 从总量上看，昆明市所设区县数量最多，达到14个；迪庆州区县数量最少，只有3个。

昆明市以2387.22亿元居2021年云南地级市旅游总收入首位，也是省域16市州中唯一一个旅游总收入超过1000亿元的地级市；在其之后，红河州、楚雄州、大理州分列第二、第三、第四位，三者旅游总收入均超过500亿元，分别为589.91亿元、560.25亿元和539.5亿元；文山州、曲靖市和西双版纳州2021年旅游总收入均不到500亿元，分别为496.5亿元、443亿元和432.08亿元；玉溪市、保山市、丽江市、昭通市、普洱市、临沧市6个市州2021年旅游总收入处于200亿—400亿元；迪庆州、德宏州、怒江州3个民族

---

① 下文各少数民族自治州简称州，如楚雄彝族自治州简称为楚雄州。

自治州的数据都低于 100 亿元，发展潜力巨大。

2021 年，云南共有 4 个市州接待游客超过 5000 万人次，它们为昆明市、文山州、红河州以及楚雄州，其中，昆明市接待游客超过 1 亿人次，达到 17400 万人次，其他 3 个市州的数据分别为文山州 5546 万人次、红河州 5398.22 万人次、楚雄州 5373.79 万人次；7 个市州接待游客在 2500 万—5000 万人次，由高到低依次为玉溪市（4489.50 万人次）、大理州（4451.82 万人次）、曲靖市（4352.00 万人次）、昭通市（3258.16 万人次）、保山市（3041.10 万人次）、西双版纳州（2721.09 万人次）和普洱市（2518.84 万人次）；临沧市、丽江市 2021 年旅游接待总人数位居全省第 12 和 13 位，迪庆州、德宏州和怒江州位居全省后三位，分别为 933.73 万人次、828.71 万人次和 283.45 万人次。

二 云南市辖区旅游发展概况

云南计 17 个市辖区，昆明市 7 个，曲靖市 3 个，玉溪市 2 个，普洱市、丽江市、昭通市、临沧市、保山市各 1 个；2021 年共实现旅游总收入 1801.2 亿元，接待游客 1.7 亿人次，其 2021 年旅游发展主要数据分布见图 1。

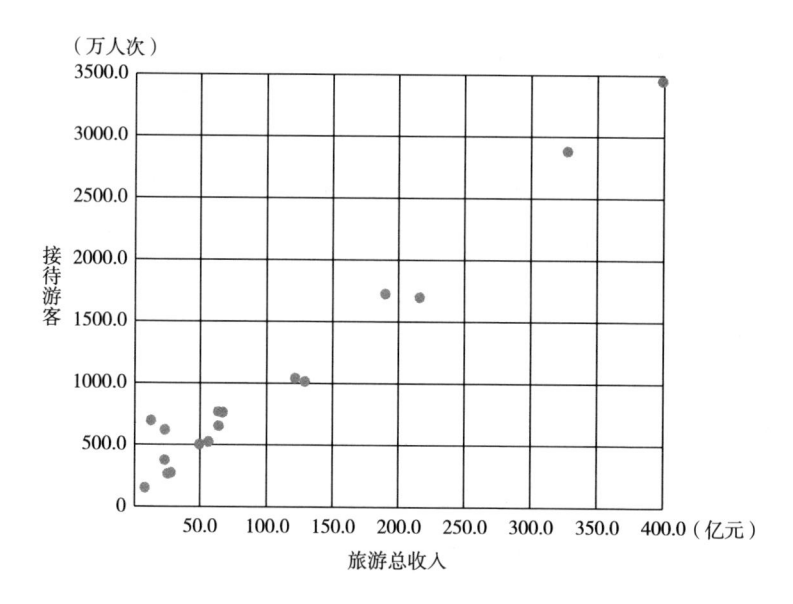

图 1　2021 年市辖区旅游发展主要数据分布

从总体上看，云南各市辖区旅游发展水平差异较为明显，图 1 中处于两轴大数区域的市辖区基本都来自昆明市，这也从另外一个角度反映了昆明市旅游发展的不俗实力。

分项来看，官渡区（昆明市）是 2021 年云南旅游总收入最高的市辖区，其收入达到 398.7 亿元；同为昆明市的西山区、盘龙区与五华区 3 区位居第二至第四位，旅游总收入分别达到 327.3 亿元、215.9 亿元和 189.9 亿元；另有麒麟区（曲靖市）、隆阳区（保山市）2 区 2021 年旅游总收入超过 100 亿元，分别为 121.5 亿元和 128.9 亿元；晋宁区（昆明市）、昭阳区（昭通市）、红塔区（玉溪市）、古城区（丽江市）、思茅区（普洱市）等11个市辖区旅游总收入低于100亿元。

2021年云南有6个市辖区接待游客超过1000万人次，其中官渡区和西山区以较大优势领先于其他4个市辖区，二者游客接待量分别达到3453.2万人次、2881.8万人次，五华区、盘龙区以1724.9万人次、1697万人次分列第三、第四位，另外两个实现千万游客接待的市辖区是麒麟区和隆阳区，其数据分别为1041.7万人次和1014.5万人次；在11个1000万人次以下游客接待的市辖区当中，7个区接待量在500万人次以上，马龙区（曲靖市）、临翔区（临沧市）、东川区（昆明市）、昭阳区（昭通市）4区则低于500万人次。

三 云南县级市、县、自治州旅游发展概况

云南下辖18个县级市、65个县、29个自治州（以下统称为县），图2为2021年云南112县旅游总收入与接待游客情况。

2021年云南全部县旅游总收入达到4414.5亿元，接待游客约4.3亿人次。

百亿元以上旅游收入的县有8个，其中，景洪市（西双版纳州）以332.2亿元排在省内县域旅游收入

(万人次)

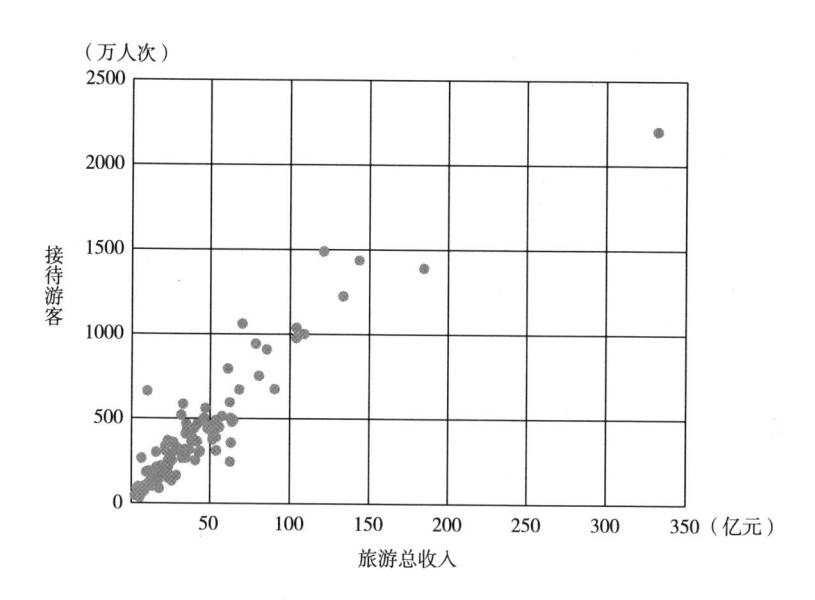

图2　2021年云南县级市、县、自治州旅游发展主要数据分布

首位，也是全省唯一一个旅游收入超过200亿规模的县；7个县旅游总收入在200亿—100亿元，由高到低依次为大理市（大理州）、广南县（文山州）、玉龙县（丽江市）、澄江市（玉溪市）、弥勒市（红河州）、建水县（红河州）和石林县（昆明市）；其余104个县旅游总收入在100亿元以下，占云南全部县数量的90%以上。

游客方面数据，除具体位次略微浮动外，各县接待规模状况与其旅游总收入规模状况基本一致，其中，景洪市依然高居2021年云南县域接待游客数量之首，接待规模超过2000万人次，达到2200.0万人次；澄江市、广南县、大理市、玉龙县、禄丰市（楚雄州）、石林县、弥勒市分列第二至第八位，7个县2021年接待游客均超过1000万人次，接待量分别达到1489.4万人次、1435.8万人次、1389.5万人次、1223.6万人次、1060.0万人次、1037.2万人次和1001.0万人次；另有92.9%的县2021年接待游客在1000万人次以下，其中，建水县、元谋县（楚雄州）、腾冲市（保山市）三县接待人次接近千万人次规模，分别为977.0万人次、943.0万人次、910.0万人次。

四　云南市辖区、县旅游发展比较

表2为云南17个市辖区与112个县2021年旅游总收入、接待游客数量比较。

表2　2021年云南市辖区和县旅游发展主要数据比较

数据类别	数据项	市辖区数量（个）	市辖区中占比（%）	县数量（个）	县中占比（%）
旅游总收入（亿元）	>300	2	5.4	1	0.9
	300（含）—200	5	13.5	0	0
	200（含）—100（含）	5	13.5	7	6.2
	<100	25	67.6	104	92.9
接待游客（万人次）	>3000	2	5.4	0	0
	3000（含）—2000	2	5.4	1	0.9
	2000（含）—1000（含）	6	16.2	7	6.2
	<1000	27	73.0	104	92.9

无论是旅游总收入还是接待游客，云南市辖区和

县内部发展程度差异都较为明显，这是二者旅游发展的相似方面，具有宏观上的相似性，但中观微观上却存在区别。

具体来看，旅游总收入数据方面，市辖区和县中分布数量最多的收入区间都在低于100亿元项上，但在该收入区间的县占比更高，达到92.9%，即112个县中、有104个县2021年旅游总收入在100亿元以下，与之相比，只有67.6%的市辖区旅游总收入不足100亿元；此外，27%的市辖区旅游总收入在300亿（含）—100亿（含）元，另有5.4%的市辖区旅游总收入在300亿元以上，即100亿元（含）旅游总收入之上的市辖区在全部市辖区中占比达到32.4%，而同收入区间的县占比只有7.1%。

在接待游客方面，也表现出与旅游总收入结构相类似的特点。73%的市辖区和92.9%的县接待游客数量在1000万人次以下；2000万（含）—1000万（含）人次的市辖区6个、县7个，在各自地区类别中分别占比16.2%和6.2%；高于2000万人次游客接待的市辖区4个，于全部市辖区中占比10.8%，县域范围1个，于全部县中占比不足1%，只有0.9%。

综合来看，云南县域旅游发展较之区域，内部差异更为突出。

五 特色旅游线路：大滇西环线

云南省于 2019 年开始启动大滇西旅游环线建设项目，提出将滇西丰富的高原峡谷、雪山草甸、江河湖泊、火山热海、古城韵味、民族文化、边境风情、珠宝玉器等独特旅游资源串联起来，以此来推动滇西乃至全省旅游转型升级。该环线最初涉及德钦、香格里拉、丽江、大理、保山、瑞丽、腾冲、泸水、贡山等6市州9地区约 1600 千米，途经区域海拔高度 700—6700 米，涵盖热带至寒带之间多种气候类型和自然景观，包括三江并流、香格里拉、茶马古道、苍洱风光、怒江大峡谷等在内的多种风景名胜，景点分布疏密有致，景色盎然多彩宜人。

未来，云南省将在原有线路基础上新增 1600 千米西南环线，即"昆明—玉溪—红河—普洱—西双版纳—临沧—楚雄"线路，构建"8字形"大环线主体格局。

大滇西环线重点旅游目的地及主要景区有：

保山市：位于云南西部中段，下设1市4县，是省内 A 级旅游景区数量最多的市州，其中，5A 级 1 个、4A 级景区 12 个、省级旅游度假区 4 个，主要景区包括火山热海风景区（腾冲市）、北海湿地（腾冲市)、青华海国家湿地公园(隆阳区)、松山大战遗址公园(龙陵县)、杨善洲林场景区(施甸县)等。

大理州:地处云南中部偏西,处在"8字形"滇西大环线交点,下设12县,共有5A旅游景区1个、4A旅游景区8个,主要景区包括大理古城—崇圣寺三塔文化旅游区(大理市)、苍山—洱海风景区(大理市)、巍山古城—巍宝山旅游区(巍山县)、鸡足山风景区(宾川县)、沙溪古镇—石宝山旅游区(剑川县)等。

德宏州:地处云南西部中缅边境,下设5县,共有4A旅游景区6个,主要景区包括勐巴娜西珍奇园(芒市)、仙佛洞—孔雀谷旅游区(芒市)、莫里热带雨林风景区(瑞丽市)、南甸宣抚司署(梁河县)等。

丽江市:位于云南西北部,下设1市4县,共有5A旅游景区2个、4A旅游景区7个,主要景区包括丽江古城(古城区)、玉龙雪山(玉龙县)、泸沽湖风景区(宁蒗县)等。

怒江州:地处云南西北,丽江以西,中缅滇藏结合带上,下设4县,主要景区包括丙中洛—怒江第一湾(贡山县)、腊玛登(虎跳峡)风景区(泸水市)等。

迪庆州:地处滇、川、藏三省交界的横断山脉三江并流腹心地带,是云南海拔最高的市州,下设3县,共有 5A 旅游景区 1 个、4A 旅游景区 5 个，主要景区包括普达措国家公园（香格里拉市）、香格里拉大峡谷—巴拉格宗旅游区（香格里拉市）、蓝月山谷风景区（香格里达市）、梅里雪山旅游区（德钦县）等。

广西壮族自治区旅游高质量发展研究报告

广西地处中国南疆，北回归线横贯全区中部，东连广东省，南临北部湾并与海南省隔海相望，西与云南省毗邻，东北接湖南省，西北靠贵州省，西南与越南社会主义共和国接壤，是中国对外开放、走向东盟、走向世界的重要门户和前沿，是大西南最便捷的出海口。土地总面积23.76万平方千米，管辖北部湾海域面积约4万平方千米。下辖南宁、柳州、桂林、梧州、北海、防城港、钦州、贵港、玉林、百色、贺州、河池、来宾和崇左14个地级市；41个市辖区、10个县级市、48个县、12个自治县，共计111个县级区划。总体地势呈西北向东南倾斜状，西北高、东南低，山岭连绵、山体庞大、岭谷相间；山地、丘陵、台地、平原等类型地貌，分别占全区陆地面积的62.1%、14.5%、9.1%、14.3%；喀斯特地貌广布，集中连片分布于桂西南、桂西北、桂中和桂东北，约占土地总面积的37.8%。属亚热带季风气候区，气候温暖，雨水丰沛，光照充足。河流众多，径流深与径流量在地域分布上自东南向西北逐渐减少。

广西生态环境优越，景观类型多样，旅游资源丰富。截至2021年年底，全区共有A级旅游景区661个，其中5A景区8个、4A景区307个、3A景区335个、2A景区11个。根据《广西壮族自治区国民经济和社会发展统计公报》，2021年接待国内旅客7.98亿人次，增长20.8%；实现国内旅游消费9062.99亿元，增长24.8%。

一　广西地级市旅游发展概况

广西14个地级市2021年旅游发展主要数据见表1。

表1　2021年广西地级市旅游发展主要数据

序号	地级市	下辖区、县数量（个）			旅游总收入（亿元）	接待游客（万人次）
		合计	市辖区	县级市、县、自治县		
1	南宁市	12	7	5	1060.40	10525.10
2	柳州市	10	5	5	724.66	6436.02
3	桂林市	17	6	11	1501.79	12234.88
4	梧州市	7	3	4	416.66	3816.00
5	北海市	4	3	1	667.00	5124.00
6	防城港市	4	2	2	314.16	3395.92
7	钦州市	4	2	2	477.00	4634.88

续表

序号	地级市	下辖区、县数量（个）			旅游总收入（亿元）	接待游客（万人次）
		合计	市辖区	县级市、县、自治县		
8	贵港市	5	3	2	244.00	3445.00
9	玉林市	7	2	5	729.10	6353.60
10	百色市	12	2	10	561.00	5045.00
11	贺州市	5	2	3	492.37	3994.00
12	河池市	11	2	9	514.00	4230.00
13	来宾市	6	1	5	291.85	3199.96
14	崇左市	7	1	6	427.00	4289.00

行政区划方面，5个地级市区县数量达到10（含）个以上，其中，桂林市数量最多，有17个；北海、防城港和钦州3市所辖区县数量最少，均为4个。省会南宁市是辖区数量最多的地级市，共计7个市辖区；桂林市是所含县（市）数量最多的地级市，有11个，与百色市一起，成为全区下辖县（市）数量达到10（含）个以上的两个地级市。

旅游总收入方面，桂林市、南宁市分别以1501.79亿元和1060.4亿元位列2021年广西地级市旅游总收入前两位，二者旅游总收入均达到1000亿元规模，是旅游总收入最少的贵港市的4倍以上；玉林市和柳州市位列第三、第四位，全年旅游总收入分别达到729.1亿元和724.66亿元；北海市、百色市和河池市2021年旅游总收入也都超过了500亿元，位列第五、第六和第七位；其余7市2021年旅游总收入均在500亿元以下，由高到低依次为贺州市（492.37亿元）、钦州市（477亿元）、崇左市（427亿元）、梧州市（416.66亿元）、防城港市（314.16亿元）、来宾市（291.85亿元）和贵港市（244亿元）。

各地级市游客接待人数与其旅游收入位次基本一致，桂林市和南宁市依然领衔全区，二者游客规模均超过1亿人次，分别达到12234.88万人次和10525.10万人次；柳州市、玉林市依次以6436.02万人次和6353.60万人次位居第三、第四，北海市、百色市游客接待人数也都超过了5000万人次；剩下的8个城市2021年接待游客在5000万人次以下，由高到低依次为钦州市（4634.88万人次）、崇左市（4289.00万人次）、河池市（4230.00万人次）、贺州市（3994.00万人次）、梧州市（3816.00万人次）、贵港市（3445.00万人次）、防城港市（3395.92万人次）和来宾市（3199.96万人次）。

二 广西市辖区旅游发展概况

广西共计41个市辖区，2021年全部市辖区实现旅游总收入3302.3亿元，平均旅游总收入80.5亿元，接待游客3.2亿人次，平均接待游客770.5万人次。

图1为各市辖区2021年旅游总收入与接待游客两

项数据分布情况。

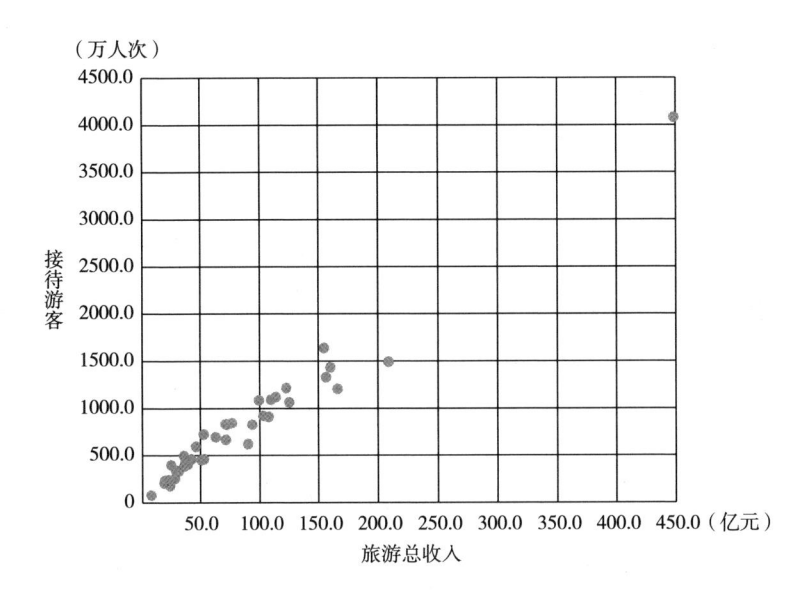

图 1　2021 年广西市辖区旅游发展主要数据分布

41 个市辖区中，青秀区（南宁市）以 448.5 亿元旅游总收入和 4083.2 万人次接待游客成为 2021 年广西旅游发展表现最为突出的市辖区，两项数据所占全部市辖区份额均超过 10%，遥遥领先于其他市辖区。

除青秀区外，银海区（北海市）位居广西市辖区旅游总收入第二位，全年旅游总收入超过 200 亿元规模，达到 208.8 亿元。秀峰区（桂林市）、八步区（贺州市）、右江区（百色市）和钦南区（钦州市）分别以 166.0 亿元、159.9 亿元、156.2 亿元、154.7 亿元排名第三至第六位。另有 6 个市辖区 2021 年旅游总收入达到 100 亿元，由高到低依次为港北区（贵港市）、钦北区（钦州市）、玉州区（玉林市）、兴宁区（南宁市）、江南区（南宁市）和万秀区（梧州市），旅游总收入分别达到 125.1 亿元、122.5 亿元、113.7 亿元、109.4 亿元、107.7 亿元、103.0 亿元。29 个市辖区全年旅游总收入在 100 亿元以下，其中，城中区（柳州市）、平桂区（贺州市）、宜州区（河池市）3 区接近 100 亿元，旅游总收入分别达到 99.4 亿元、93.7 亿元、90.1 亿元。

在接待游客方面，钦南区以 1638.8 万人次成为 2021 年全区接待游客第二多的市辖区，游客量约为青秀区的 40%。另有 9 个市辖区全年接待游客超过 1000 万人次，由高到低依次是银海区、八步区、右江区、钦北区、秀峰区、玉州区、兴宁区、城中区、港北区，接待游客各自达到 1491.0 万人次、1433.0 万人次、1328.9 万人次、1215.2 万人次、1205.2 万人次、1121.7 万人次、1091.8 万人次、1085.4 万人次和 1066.2 万人次。30 个市辖区 2021 年接待游客低于 1000 万人次，其中，万秀区、江南区、兴宾区（来宾市）、港口区（防城港市）、平桂区和武鸣区（南宁市）6 区接待规模接近 1000 万人次，分别达到 921.0 万人次、911.3 万人次、845.0 万人次、832.1 万人次、825.7 万人次和 823.6 万人次。

三 广西县域旅游发展概况

广西共辖70个县（市），其中县级市10个、县48个、自治县12个。全部县（市）2021年实现旅游总收入3952.0亿元，平均旅游总收入56.6亿元，接待游客3.6亿人次，平均接待游客513.6万人次。

图2为各县（市）2021年旅游总收入和接待游客数据分布情况。

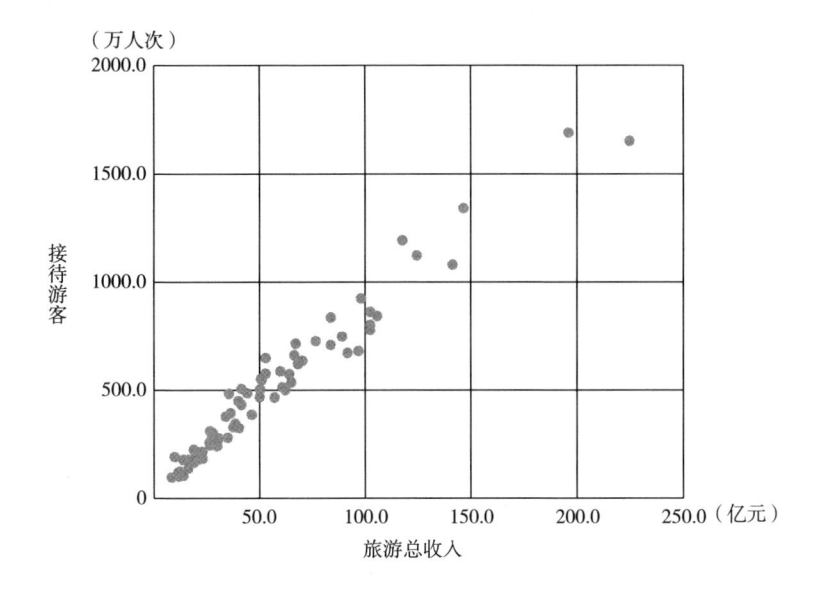

图2 2021年广西县域旅游发展主要数据分布

县域范围，10个县（市）2021年旅游总收入超过100亿元，其中，阳朔县（桂林市）是唯一一个超过

200亿元的县（市），全年旅游总收入达到224.81亿元，约为旅游总收入最少的上思县（防城港市）的27倍；靖西市（百色市）以196.00亿元紧随其后，位居广西县（市）旅游总收入第二位；第三至第六位依次为容县（玉林市）、桂平市（贵港市）、兴安县（桂林市）和东兴市（防城港市），2021年旅游总收入分别达到146.5亿元、141.3亿元、124.4亿元和117.6亿元；接下来，灵川县（桂林市）、三江县（柳州市）、昭平县（贺州市）和龙胜县（桂林市）分别以105.7亿元、102.5亿元、102.4亿元和102.3亿元居县（市）旅游总收入第七至第十位，4县（市）旅游总收入相差不大、规模较为接近。24个县（市）全年旅游总收入在100亿—50亿元，其中，灵山县（钦州市）、荔浦市（桂林市）、平南县（贵港市）、北流市（玉林市）4个县（市）旅游总收入接近100亿元规模，分别达到98.1亿元、96.8亿元、91.6亿元和89.0亿元。钟山县（贺州市）、忻城县（来宾市）、陆川县（玉林市）、南丹县（河池市）等36个县（市）全年旅游总收入在50亿元以下。

在接待游客方面，靖西市、阳朔县、容县、东兴市、兴安县和桂平市6县（市）位居广西县（市）接待游客前六位，2021年接待游客均超过1000万人次，分别达到1690.0万人次、1652.0万人次、1339.7万人次、1191.7万人次、1122.1万人次和1079.2万人次，6县（市）接待游客之和超过县域接待总量的1/5。灵山县、三江县、灵川县、合浦县（北海市）和龙胜县分别以923.9万人次、862.9万人次、842.5万人次、835.9万人次、802.4万人次位列全区县（市）接待游客第七至第十一位，5县（市）接待游客均达到800万人次规模。除上述县（市）以外，昭平县、北流市、全州县（桂林市）、凭祥市（崇左市）、融水县（柳州市）等22个县（市）全年接待游客超过500万人次。另有马山县（南宁市）、鹿寨县（柳州市）、富川县（贺州市）、龙州县（崇左市）、凤山县（河池市）等37个县（市）2021年接待游客在500万人次以下。

四 广西市辖区与县域旅游发展比较

表2为广西41市辖区和70县（市）2021年旅游发展主要数据比较。

表2　2021年广西市辖区与县域旅游发展主要数据比较

数据类别	数据项	市辖区数量（个）	市辖区中占比（%）	县数量（个）	县中占比（%）
旅游总收入（亿元）	>200	2	4.9	1	1.4
	200（含）—100	10	24.4	9	12.9
	100（含）—50（含）	11	26.8	24	34.3
	<50	18	43.9	36	51.4

续表

数据类别	数据项	市辖区数量（个）	市辖区中占比（%）	县数量（个）	县中占比（%）
接待游客（万人次）	>2000	1	2.4	0	0
	2000（含）—1000	10	24.4	6	8.6
	1000（含）—500（含）	11	26.8	27	38.6
	<500	19	46.4	37	52.9

旅游总收入一项，12个市辖区全年旅游总收入超过100亿元，约占全部市辖区的29.3%，其中2个市辖区旅游总收入超过200亿元，占比4.9%；11个市辖区旅游总收入在100亿（含）—50亿（含）元，在全部市辖区中占比26.8%；旅游总收入在50亿元以下的市辖区数量最多，达到18个，在全部市辖区中占比接近半数，为43.9%。县域范围，14.3%的县（市）全年旅游总收入超过100亿元，所占比例约为同收入区间市辖区比例的50%；24个县（市）全年旅游总收入在100亿（含）—50亿（含）元，在全部县（市）中占比34.3%；超过半数的县（市）旅游总收入不足50亿元，在县（市）中占比达到51.4%。

接待游客一项，11个市辖区和6个县（市）全年接待游客超过1000万人次，在各自地区中占比分别为26.8%和8.6%，其中1个市辖区游客规模超过2000万人次。1000万人次以上的市辖区数量与接待游客在1000万（含）—500万（含）人次之间的市辖区数量相同，均为11个；同接待游客区间的县（市）数量有

27个，在全部县（市）中占比38.6%；19个市辖区、37个县（市）全年接待游客在500万人次以下，在各自地区中占比均为最高，分别达到46.4%和52.9%。

综合来看，广西市辖区平均旅游收入、平均接待游客分别约为县域旅游的1.4倍和1.5倍，区域旅游发展水平整体优于县域。

从数据的区间分布上看，无论是旅游总收入项还是接待游客项，区县均呈现"塔式"结构特点，即区县数量根据区间数值渐次变化，区间数值越大，区县数量越少，在各自地区中占比越小。相较于县域，市辖区范围各区旅游发展更为均衡。

五 特色旅游线路：滨海风景道

滨海风景道是广西壮族自治区为深入推进广西文化旅游业高质量发展、打造全域旅游风景道品牌重点规划的八个示范性项目[①]之一。选线主要依托G228、G209构成，西起东兴市竹山村（中国大陆海岸线和陆地边界的起点），由西向东经防城区、港口区、钦南区、银海区、海城区、铁山港区、合浦县8个县（市、区），终于合浦县山口镇，沿途防城港、钦州、北海漫

---

① 八个示范项目分别为滨海风景道、边关风景道、滇桂风景道、黔桂风景道、湘桂风景道、粤桂风景道、八桂风景道和西江风景道。

长的海岸线连接成独具特色的浪漫滨海城市群，总长约 211 千米。①

滨海风景道重点旅游目的地及主要景区：

防城港市：因港得名，依港而建，位于我国大陆海岸线西南端，南临北部湾，与越南一河之隔，有"西南门户、边陲明珠"之称；下辖 2 区 2 县，计有 4A 旅游景区 7 个、3A 旅游景区 4 个，主要景区包括江山半岛旅游景区、西湾旅游区、东兴国风景区、十万大山国家森林公园等。

钦州市：位于广西南部沿海，北部湾北岸，是北部湾经济区的海陆交通枢纽、西南地区便捷的出海通道，中国—东盟自由贸易区的前沿城市；下辖 2 区 2 县，计有 4A 旅游景区 12 个、3A 旅游景区 20 个，主要景区包括五皇山景区、三娘湾旅游区、八寨沟旅游景区、刘冯故居景区等。

北海市：位于广西南部，北部湾东北岸，北部湾经济区重要节点城市，国家历史文化名城；下辖 3 区 1 县，计有 5A 景区 1 个、4A 旅游景区 16 个，主要景区包括涠洲岛南湾鳄鱼山景区、银滩旅游区、金海湾红树林生态旅游区、北海老城历史文化旅游区等。

---

① 《环广西国家旅游风景道总体规划（2021—2035 年）》，广西壮族自治区文化和旅游厅，2022 年 6 月 27 日，http：//wlt.gxzf.gov.cn/zfxxgk/fdzdgknr/ghjh/zcqgh/P020220819425819423593.pdf。

发展案例

浙江省安吉县 高质量建设国际化绿色山水美好城市

2021年是我们党和国家历史上具有里程碑意义的一年。这一年，中国共产党迎来百年华诞，第一个百年奋斗目标成为现实，开启第二个百年新征程。这一年来，安吉县文体旅游系统在新的赶考之路上勇担使命，取得了新成绩，向建党百年交出了优异成绩单。

一是奋楫争先再交高分报表。浙江省安吉县实现全国旅游百强县综合实力三连冠。余村成为联合国最佳旅游乡村。安吉古城遗址和安吉旅游分别被列入国务院"十四五"专项规划。先后创成国家体育产业示范基地和浙江省体育现代化县。建成古城国家考古遗址公园、古城遗址博物馆，引进了秦兵马俑精品展。文物保护利用新模式经验在省政府专题会议上被作为唯一县区进行经验交流，获省市政府主要领导批示表扬。乡村旅游产业案例入选"全国乡村产业高质量发展十大典型",获得"浙江省文旅融合高质量发展十佳县"称号。安吉获"携程集团全球合作伙伴最具魅力特色目的地奖"。提前两年实现浙江公共文化服务先行县主要指标。安吉籍运动员季博文、王吉昌等全国运动会上摘取1金2银2铜,创浙江历史最佳成绩。

二是改革创新引领绿色发展。文旅"微改造,精提升"工作走在浙江省前列。发布全国首个《全域旅游绿色管理规范》地方标准规范。在全省率先出台旅游新业态安全管理办法,承办全省旅游新业态现场会,成岳冲副省长莅临讲话。承办国家文旅部"百名红色讲解员讲百年党史"专场宣讲、国家文旅部公共文化机构融合现场教学点、国家文旅部全国村晚安吉示范展示点等活动。"安心游""安心停""安心宿"等数字化改革应用场景取得重要成果。体育设施建设改革案例获"浙里改"竞跑者单元专题推荐。

三是务实笃行开启共富之路。在全国率先实施十大民宿村落工程建设,在全省率先出台民宿村落建设旅游标准地办法。完成旅游投资44亿元,项目建设比拼位居全市第一、全省前列。新增国家4A级、3A级旅游景区6处。旅游产业集聚效应不断彰显,全县共接待游客2671万人次,旅游总收入365.7亿元,同比分别增长26.9%、19.9%,恢复至2019年同期的95.1%和94.2%,过夜游客1392.3万人次,门票收入

7.72亿元。

一 党建统领，奋发有为，锻造一支政治过硬的队伍

事业发展，关键在党，关键在人。安吉县坚持以高质量党建引领保障高质量发展，坚决确保习近平总书记重要指示精神和县委决策部署高效落地，努力当好践行两山理念排头兵。

（一）强化思想建设，提升政治领导力。始终坚持政治引领、党建统领，不断增强"四个意识"、坚定"四个自信"、坚决做到"两个维护"，讲政治强规矩，重实干求创新。围绕"学党史、悟思想、办实事、开新局"高标准高质量开展党史学习教育。先后开展"红动百年 先锋领跑"庆祝建党百年环浙江红色旅游接力跑余村启动仪式；发布上海一大会址—嘉兴南湖—余村的红色之旅线路；国家文旅部"百名红色讲解员讲百年党史宣讲活动"成功在安吉县余村举行，推出"峥嵘岁月稠""醉美两山路"等4条红色精品路线，生动纪念中国共产党建党100年。

（二）强化组织建设，提升行业组织力。不断提升全行业基层组织党建工作质量，进一步严密上下贯通、执行有力的组织体系，扎实抓好景区景点、酒店民宿

等 7 类涉旅行业基层党组织建设，先后布点建设党员志愿者爱游驿站 12 个。压实党建党群、意识形态和党风廉政主体责任，分层分类建立风险防控项目。不折不扣落实部门巡察整改工作，压实整改责任、深化成果运用，完成问题整改 38 个，其中制定完善规章制度 9 项，开展提醒批评教育 3 人次，警告处分 1 例，清退违规资金 41520 元。

（三）强化队伍建设，提升干部执行力。强化导师帮带、引导创新制胜、激励攻坚克难，驰而不息纠治"四风"，切实做到"三个从严"，着力查纠一批不作为、慢作为、乱作为和"庸、懒、散、怠"突出问题。选派了 14 名干部全面参与招商引才、项目推进、驻村帮扶、垃圾分类等一线中心工作。推行业务工作项目化管理，保持"比拼晾晒"状态，全面提升工作规范和运行效能。

二　改革集成，因势而新，积蓄创新发展澎湃动能

综合考量生态承载力、项目引流力，加快布局一批具有乘数效应的标志性重大文旅项目，推动质量变革、效率变革、动力变革，文旅产业高质量发展和现代化建设势头更加强劲。

（一）强化项目支撑。狠抓文旅的项目落地见效和项目入库工作，加强项目建设智慧化数字化管控，开发文旅招商项目智能遴选平台，优化升级文旅项目数字地图系统，所有项目上图入库进系统，全链条抓好项目招引、预评估以及考核督查工作。2021年全县在建类文旅项目66个，其中5亿元以上项目19个（10亿元以上7个），总投资284.75亿元。全年累计完成旅游投入44.42亿元，其中新开工项目16个，竣工6个，签约落地14个，评审通过12个，梳理"五未"[①]项目19个。通过深入开展"三服务"推动项目提速快跑，提前一个月实现"五未"全部破解，破解率100%。

（二）推进数字治理。成立文广旅体局数字化改革专班，下设八个工作小组，全面推进数字化改革建设，梳理文旅数字改革任务清单25项。重点加快旅游大数据中心（驾驶舱）、项目数字地图、文保巡查管理一张图、旅游云上综合调解平台、涉旅企业安全风险管控数字化监管系统（安心游）、智慧停车引导系统（安心停）、民宿智慧管理场景应用（安心宿）等数字化应用场景建设，不断提升治理体系和治理能力现代化水平。其中，"安心停""安心游"被列入首批省文

---

① 五未：签约未开工、开工未竣工、竣工未投产、投产未上规、上规未达产。

旅厅试点，"安心停"、数字化改革场景获浙江省文旅系统数字化改革电视电话会议专题推荐，"安心游"获全省全市推广。

（三）深化改革创新。持续推进浙江省文旅融合改革试验区、浙江省交通与旅游融合发展综合改革、浙江省文化和旅游消费城市、浙江省未来景区改革、浙江山地休闲度假发展5项省级改革试点。发布全国首个《全域旅游绿色管理规范》地方标准规范，涵盖绿色餐饮、绿色住宿、绿色景区、垃圾分类等12章20项具体指标，细化明确全域旅游绿色管理的覆盖范围、履行主体及管理内容。成功出让全国首宗旅游"标准地"，在全省率先出台《保障民宿（村落）项目建设标准地促进城乡共同富裕的实施办法》，在全省率先出台《安吉县旅游业高风险项目安全监管办法》。首创政府主导（监管）+考古机构（研究）+社会资本（运营）文物保护利用新模式，受到国家文物局充分肯定，成为全国"让陈列在大地上的遗址活起来"保护利用模式新典范，获时任省长郑栅洁、副省长成岳冲、市委书记王纲批示肯定。

三 释放美誉，提升品质，筑牢绿色发展产业根基

深入分析、精准把握文化旅游业的新需求、新格

局、新市场、新诉求，统筹优化城市、乡村的多元多维空间布局创新，全面释放品牌美誉，从注重景区（点）构建加快向目的地建设的高质量方向转变。先后高质量完成了旅游、体育"十四五"规划编制，以及南部山区旅游发展研究、"五区一带"文旅空间业态布局研究。

（一）精细微改提升文旅品质。安吉县以"十四五"规划为引领，进一步统筹城乡区域文化旅游协调性差异化发展，着力构建文化旅游"五区一带"总体发展格局，全面推进中部高端康养度假区、南部山地休闲旅游区、北部历史文化休闲区、东部农旅生态旅游区、西部乡村旅居休闲区、西苕溪生态文化旅游带的全域发展。深入实施文旅"微改造、精提升"行动计划，制订"微改造、精提升"5年计划，排定2021年改造示范点清单并完成微改投入2.6亿元，建立了统分结合、专项激励、问题发现、闭环管理和自我评价5项机制。全年共有示范点115个（其中天荒坪镇、安吉县图书馆被列入省级试点），入库项目289个，投资完成率100.28%。在2021年第三季度浙江省旅游业"微改造、精提升"工作综合指数排名中，位列全省第2。

（二）城乡联动发展绿色产业。安吉县推动生态产品的价值转化，提档升级一批优质生态文化旅游产品和景区。出台《关于推动民宿（农家乐）产业高质量发展的实施意见》，明确三年内建设十大民宿村落，改造升级 3 个农家乐集聚区。全县 181 个行政村 A 级景区村庄全覆盖，其中创成 3A、2A 景区村分别达 39 家、107 家，4A、3A 景区镇 10 个。浙江自然博物院安吉馆、田园加勒比 2 家景区入选国家 4A 级旅游景区名单，云上草原、灵溪山景区等 4 家景区入选国家 AAA 级旅游景区名单，余村入选首批省级文化和旅游 IP 库，争取温德姆、老庄山居等旅游饭店分别获评金桂、金鼎、金树叶等省品质饭店金牌荣誉，认定"百县千碗安吉好味道"美食体验店（点）31 家。"第二届两山（中国）旅游商品联盟峰会""博物馆与可持续发展国际研讨会"在安吉县举行，实施旅游商品"五进"工程，会同中国旅游协会设立两山（中国）旅游商品联盟峰会永久会址（涉及 12 省市）。

（三）内外兼修释放文旅美誉。安吉县以融合长三角一体化发展战略为重点，进一步打响"绿水青山·旅居安吉"旅游目的地品牌，优化中国亲子旅游第一县等品牌体系。以"春赏花、夏玩水、秋观景、冬滑雪"为主题推出四季推介活动。加大了高铁户外广告宣传，打造影视拍摄优选地，开展全媒体平台运营，发布四条红色风景线。建立与携程旅行、美团、小红书、飞猪旅行等主流旅游 OTA 平台合作关系，"借船出海"

线上线下合力推进安吉旅游形象与产品。同时开展长三角文旅推广周、线上直播、抖音大赛等活动，获评抖音中国年度最热县。加大地域文化的挖掘和传播，有序盘活"乡愁"资源，解码重点文化元素30个。

四 以民为本，共建共享，推动文体事业繁荣向好

对标优质公共服务供给与人民群众日益增长的美好生活需求，安吉县打造主客共享的城乡文旅公共服务空间，大力提升公共文体和旅游服务的覆盖率和实效性，切实推动了事业与产业实现互促共进、双轮驱动、繁荣向好。

（一）优化服务共建共享。安吉县完成浙江省体育现代化县创建工作，圆满完成省市体育民生实事项目27个，积极推动建成的民生实事项目多元化经营，加快提升村民、市民"10分钟健身圈"建设成效。全县体育场地总面积已达到185万平方米，人均体育场地面积达到3.17平方米，走在浙江全省前列，打造体育旅游综合体的典型案例入选国家体育总局"全国体育服务综合体典型案例"。推进文化和旅游公共服务机构功能融合，分别争取省市公共文化场馆服务功能拓展先行先试单位10家，以主客共享为导向，强力推进

"嵌入式"文旅空间建设,全年共完成文旅空间建设5个。组建"红色文艺轻骑兵""红色文艺宣演团"等队伍,全年完成文化下乡、文化街景等文艺演出251场。争取章村镇荣获省民间艺术之乡,灵峰街道、朗里社区分别创成省级文化强镇、文化示范村,图书馆被评为浙江省首批满意图书馆,文化馆被定为全国一级馆。全县入选国家乡村和旅游能人支持项目人员1人,省文化示范户6户,省乡村文化能人16人。

(二)竞技产业蓄势发力。安吉县提高在重大赛事中为省市作贡献的能力。在第十四届全国运动会上,9名安吉籍健儿参赛6个项目,获1金2银2铜、3个第六名、2个第七名的优异成绩,实现了历史性突破。对照省运会金牌和参赛任务,全面抓好皮划赛艇等6个项目训练计划、组队安排等赛事准备工作。充分发挥"浙江省重点高水平体育后备人才基地"平台作用,抓实在训学生的训练计划和人才选拔、培养、输送工作。高质量提供浙江省游泳队安吉集训服务保障工作。成功创建国家体育产业示范基地,积极推动山川乡、灵峰街道创建省级运动休闲乡镇,大力争取国家级滑雪度假地。指导华体赛丽体育公园规划编制,云上草原高级雪道建设接近收尾,周密规划布局西南山区漂流等新业态项目,提升省运动休闲旅游精品项目和线路的带动力。2021年安吉县拥有各类体育企业

369家，其中规上体育服务类企业23家，制造类27家，批发零售类22家，各类社会力量开办的运动休闲类90家，体育彩票店106家。年度实现产业增加值9.8亿元，占GDP比重2.01%。体育彩票销售额预计2.8亿元。

（三）保护传承融合振兴。安吉古城遗址博物馆建成，成为湖州地区首个遗址类博物馆，安吉县着力将其打造成为全国首家兼具陈列展览与研学旅游功能的"全国考古大学堂"。联合秦始皇帝陵博物院举办"'秦风越地安且吉兮'——秦兵马俑故鄣郡特展"，秦兵马俑展首次走进县域，并与越王剑联展。安吉县实施古城遗址片区安全监管平台、全县文物保护"一张图"，做好文物保护区域评估后续工作，完成八亩墩保护方案的文本报批工作，完成上马坎遗址环境整治工作及展示利用方案编制工作，安吉孝丰摘帽山墓群获评2021年度浙江考古重要发现。以余村两山会址红色旅游为牵引，带动全县红色旅游，推荐1人入选全国红色革命文物百佳讲述人，6人获评省级非遗代表性传承人。

五　守正创新，高效管理，推进文旅领域现代治理

安吉县坚持管理服务两手抓，统筹做好市场监管

和常态化疫情防控工作，优化环境、守正创新、科学管理，提高市民和游客满意度，营造文明有序的文旅市场环境。

（一）创新模式实现现代治理。创新探索文旅市场治理模式，全省率先推出"涉旅企业安全风险管控数字化监管"系统，构建"一图两清单"体系，全力推进旅游安全监管数字化赋能，实现风险管控关口前移、确保安全生产风险可控。该项工作以"文化和旅游安全数字化监管场景推广指南"形式在全省复制推广。打造全县智慧旅游数字化监管平台，提升市场全时段监管、执法全流程监督、后台全数据支撑等信息化、数字化监管水平，加快构建"人防+技防"相结合的文化市场数字化综合行政执法平台。"浙江省旅游'遏重大'攻坚战现场推进会暨旅游安全专业委员会全体（扩大）会"和"浙江省文化和旅游系统安全培训暨应急演练活动"在安吉举办。全年无重大旅游安全事故。

（二）提质拓面优化市场环境。推动"网上办""掌上办""五星服务"实现率100%。进一步减少办事材料、缩短办事期限、优化办事程序，推进"无证明"城市创建和机关内部"最多跑一次"。推进改革向公共服务、公共场所延伸扩面，巩固便民惠民改革成果；积极推进诉源治理，共同探索旅游纠纷处理新模式，浙江省安吉县首创文体旅游系统云上法庭，实现异地维权"跑零次"；建立"1+3+N"旅游综合执法体系，探索"旅游警察"警务合作新模式，探索打造安吉"零投诉"景区。建立多元化等级评定机制，依据企业信用等级分类监管、分类追踪。2021年各类审批事项回访满意率100%。

（三）加大监管规范行业秩序。安吉县加强市场日常动态巡查，加大对违法行为的查处力度，特别是在重大活动与时间节点，加强市场安保维稳工作，联合开展旅游黑车、低价游、旅游领域安全隐患等重点治理行动。开展安全播出应急演练，联合市场监管、公安等部门重拳打击"黑电台"、非法地卫设施等。进一步发挥旅游协会等行业组织在政府与企业间的桥梁作用，促进行业自律和抱团发展，推动品质旅游饭店、品质旅行社创建提升。全面落实安全生产"一岗双责"责任制，坚决扛起安全生产的责任，继续加大技防监管力度，完善安全生产社会化服务，聘请专业机构技术人员全面排解各行业领域安全风险隐患。

浙江省桐乡市 打好消费组合拳 走出桐乡文旅复苏新路径

浙江省桐乡市聚焦省市"重要窗口"建设和"建设人文名城打造风雅桐乡"目标，以文化旅游现代化为主题，以融合创新为主线，着力构建"一河引领、三心集聚、多点支撑、全域联动"格局，注重文旅融合发展。"丰子恺星"由中国科学院国家天文台正式命名，荣获"美丽中国备受欢迎的文化旅游胜地"称号。先后被评为全国旅游综合改革试点县、中国·新戏剧之乡、国家公共文化服务体系示范区、浙江省首批全域旅游示范市、文旅产业融合试验区、文化和旅游消费试点城市，入选浙江省文化传承生态保护区创建名单，"全国县域旅游综合实力百强县"连续两年位列前五。2021年，国家发改委发文在全国推广《桐乡市开发运营乌镇旅游带动就地就近就业典型经验做法》。在新冠疫情散发的影响下，为实现旅游行业逐步复苏与发展，桐乡积极开展"桐乡文旅消费季"，打好消费组合拳，走出一条桐乡文旅复苏发展的新路径。

自2020年新冠疫情发生以来，旅游行业遭受重创，桐乡市游客人次、旅游总收入均呈现不同程度的下滑，2020年，全市接待游客与旅游收入均同比下降25%左右，其中，乌镇景区受影响较大，游客人次下降六七成，其余景区、旅行社均受到不同程度的影响。全市游客人数、旅游收入均不足2019年的75%。在逐步恢复过程中，国内新冠疫情散发，不断增加文旅行业复苏的障碍，导致文旅企业无法得到长期、稳定的恢复环境，旅行社团队开放再取消，景区开放又关闭、长时间限流，文化娱乐场所常态化关停等现象频发，文旅市场出现游客出游需求量大而散发疫情阻碍或打乱出游计划，文旅市场运营成本大而游客量少、消费低等问题，文旅市场消费长期疲软且恢复缓慢。

一 推动"三大"板块建设擦亮"风雅桐乡"品牌

为积极应对国内疫情散发状况下文旅行业复苏缓慢的情况，桐乡市紧紧围绕"风雅桐乡"文旅品牌建设，打造"桐乡文旅消费季"，打好消费组合拳，着重于"十二乐章""四季桐乡""消费新模式"三大板块建设，走出了一条桐乡文旅复苏的新路径。

（一）以时间为度，打造风雅桐乡四季品牌。桐乡市持续建设好"春季花开桐乡、夏季研学桐乡、秋季网约桐乡、冬季衣柜桐乡"四季主题品牌。春季着重打造踏青赏花主题游，利用景区、景区村庄的花海以及桐乡特有的槜李花资源，整合全市各类花卉观赏销售基地，结合桐乡传统节庆活动"清明轧蚕花"、传统习俗野火饭，带动乡村旅游消费；夏季抓住水果采摘季与学生暑期假日，将农事采摘体验、乡村非遗民俗与研学充分融合；秋季最大化利用世界互联网大会的优质平台，做好数字平台与数字文旅；冬季则发挥桐乡时尚产业能量，围绕毛衫时尚小镇濮院与皮草名镇崇福做好购物品牌"衣柜桐乡"建设。在这样的时间安排下，布局全年四季鲜明主题，带动住宿、游览、美食等文旅消费。

（二）以空间为界，奏响风雅桐乡十二乐章。桐乡市突出十一个镇街道与主城区的文化旅游特色建设，生动奏响"魅力桐城、活力高桥、凤栖梧桐、福地凤鸣、时尚濮院、美篆屠甸、宋韵崇福、水映洲泉、大美麻溪、锦绣河山、枕水乌镇、吴越石门"十二乐章，并以此为基础打造"一河引领""三心集聚""多点支撑""全域联动"的全域旅游发展体系，将各镇文旅消费点串珠成线，绘就"风雅桐乡"全景图，提供特色更为鲜明的文旅产品和文旅体验。

（三）以创新为点，构建文旅消费新渠道。桐乡市持续推进浙江省"百县千碗"工程，打造"诗画浙江·百县千碗·桐香十碗"美食品牌，在十碗热菜美食的基础上，拓展桐乡特色的小吃、饮品、冷盘、水果等内容，挖掘出现在桐乡人民记忆中的美食，并推出美食集市活动；加强桐乡本土文化创意产品和旅游商品的发展，通过各类文创大赛与文创集市、博览会的形式，积极引导企业设计、制作、销售蕴含桐乡特色、符合时下潮流且满足不同年龄层次和消费人群需求的各类产品；激发文化活力，提升桐乡名人文化、传统文化、非遗文化品牌影响力，打造乌镇戏剧节、丰子恺漫画村、画圣浜理想村主题民宿、"丰家八碗"美食宴、茅盾纪念馆"观前街17号"文创IP等各类品牌，形成文化消费特色品牌；推进数字生活新服务样板县数字文旅项目，建设智能视频监测系统、百县千碗线上体验店、网红打卡、AR风味桐乡、旅游一张图等应用程序。打造"浙里好玩·桐乡品牌馆"，融入"游有所乐"的数字社会体系，打造"多留一小时"的全新旅游服务体验。

二 精准施策靶向发力绘浓"风雅桐乡"底色

（一）以"三大抓手"扩容提质，优化文旅资源与产业布局。桐乡市落实"微改造，精提升""百千万工程""文旅项目管理"三大抓手，形成全域旅游消费发展新优势。2021年桐乡市"微改造，精提升"项目录入浙江省微改造项目管理系统55个，入围省级"微改造"示范点2个；创建3A级景区村庄4个、2A级景区村庄19个、1A级景区村庄20个，创建完成3A级景区镇（街道）3个、3A级景区村庄4个，实现3A级以上景区镇全覆盖，3A级景区村庄数量嘉兴第一；2021年完成文旅项目投资36.62亿元，第一季度在浙江省90个文旅项目投资综合评价指数中列第十。加快旅游产业结构升级，完善A级旅游景区梯队。促进星级酒店、品牌民宿品质提升，推进未来景区、未来乡村、未来民宿、未来酒店等建设；强化现有资源整合再利用，实施乡村旅游精品工程，推出乡村旅游精品线，打造乡村运营重点村，开展乡村旅游人才培训，培育乡村旅游运营团队，充分挖掘乡土文化、民俗文化、农事文化、饮食文化等方面资源。放大新建项目能量，进一步推进旅游与文化、乡村、工贸的融合互动发展,加快濮院古镇旅游项目建设与崇福运河文化历史街区横街保护整治项目建设,激发消费新活力。

(二)以"两个品牌"宣传推广,发展消费亮点与消费渠道。桐乡市坚持打响"风雅桐乡"文旅品牌与"古镇名人IP"品牌。桐乡市已成功举办八届乌镇戏剧节,截至2021年,乌镇戏剧节共邀请了来自五大洲、近30个国家及地区的177部世界顶级剧目,上演了650余场剧场演出,上万场古镇嘉年华表演,167场小镇对话。25万名观众走进剧场,200多万游客共同参与见证了文化盛事,共撬动旅游相关收入超2亿元,跻身国际三大戏剧节,成为国内外著名的文旅IP。还组织举办乌镇国际当代艺术邀请展、中国·濮院国际毛针织服装博览会、中国·濮院时尚周、中国·崇福皮草博览会等品牌展会、文旅产品创意大赛等。桐乡市委市政府印发茅盾文学、丰子恺艺术和伯鸿阅读三大文化大家IP实施方案,通过举办"茅盾文学新人奖""子恺杯""中国漫画大展""研学浙江·风雅桐乡"等一系列活动,进一步提高文化大家IP的知名度。"濮院毛衫"品牌估值85.69亿元,2021年濮院时尚周通过直播带货、自媒体、网红达人加持线上活动,参与商家超2万家,拉动消费超30亿元。利用长三角高铁、地铁等交通枢纽、上海南京路、杭州西湖等商圈景区线下推广平台,围绕各类消费主题开展宣传。发挥好传统媒体与新媒体优势，在浙江之声广播平台、12306铁路App、喜马拉雅、马蜂窝等平台做好特色消费亮点宣传工作，进一步宣传引流。举办"风雅桐乡·美好食光"、全国融媒体聚焦桐乡、"春光漫游季，邂逅在桐乡"、桐乡市文化创意和旅游商品展销博览会—凤凰湖音乐节等线上线下消费主题活动；联合各文化旅游企业，让利惠民，开展一系列促消费活动，构建文旅消费新场景，丰富文旅消费新体验，开拓文旅消费新模式。

（三）以"N项政策"保障基础，落实发展导向与企业纾困。桐乡市坚持做好文旅消费的政策保障工作，为企业提供更为良好的行业环境与复苏氛围。开展对口帮扶，一企一策、一事一议地研究和落实帮扶举措。向企业宣传国家、省、市减税降费等惠企政策，帮助企业及时了解政策红利，推动惠企政策落地见效，提振企业发展信心。编制完成桐乡市文化旅游体育发展"十四五"规划，设立6000万元旅游发展专项资金，先后出台《关于应对疫情支持文化和旅游企业共渡难关的十条措施》《桐乡市强信心促消费支持文化旅游企业稳定发展的十条措施》《关于推进全域旅游高质量发展的政策意见》《桐乡市关于进一步加大惠企纾困帮扶力度的若干意见》在内的一批针对文旅企业的惠企政策。

三 多措并举助企纾困擘画"风雅桐乡"蓝图

自桐乡开展"文旅消费季"以来,桐乡文旅行业逐步复苏,文旅消费市场活力不断增强,文旅市场发展信心不断提振。2021年桐乡市共接待游客575.18万人次,同比上升7.50%;旅游总收入为92.01亿元,同比上升6.63%。在旅游建设方面,2021年文旅项目投资完成率104%。2022年文旅建设项目共66个,入库文旅部重点项目18个,计划总投资352亿元,其中2022年计划完成投资29亿元。濮院古镇核心景区2022年10月对外试营业。全市乡村旅游接待游客总人数456万人次,旅游经营总收入5.34亿元。在品牌建设方面,2021年各平台宣传累计曝光量达1100万次,日均覆盖100万人次。全年累计活动20余场次,覆盖超1000万人次,共发放文化旅游相关消费券2400万元,拉动消费4亿元。2022年春节期间,乌镇景区同比2021年翻了近两番。文创产品与旅游商品发展态势良好,2021年,参与国家级与省级各类文创旅游商品赛事累计获金奖3项、银奖6项、铜奖11项。在政策保障方面,每年度的纾困政策的出台速度和补助力度均居全省前列,如2020年兑现扶持资金9000多万元,发放旅游消费券拉动消费超 1 亿元。目前，在桐乡市政策基础上，即将出台《桐乡市关于进一步加大文旅惠企纾困专项帮扶力度的意见》，除对受疫情影响的旅行社、旅游饭店、A 级旅游景区、等级民宿等文旅企业进行分级补助外，还创新推出重要文旅称号补助、拓展市场补助、景区门票补助，同时促进旅行社扩大委托服务覆盖面，2022 年预计补助资金达 5000 万元，想方设法重振企业信心、促进文旅消费。

浙江省长兴县　打造文旅融合新样板·实现全域旅游新腾飞

长兴县位于苏浙皖三省交界，地处太湖西南岸，拥有34千米长的湖岸线，风光旖旎、气候宜人，是典型的江南旅游小城。近年来，长兴先后荣获中国最佳全域旅游创建示范城市、中国十大文化休闲旅游县、全国十佳生态休闲旅游城市、中国最美休闲度假胜地、中国最佳全域旅游创建示范城市、全国旅游综合实力百强县、中国县域旅游竞争力百强县、浙江省首批全域旅游示范县、浙江省全域休闲发展十佳县，浙江省文旅产业融合试验区等。目前拥有省级旅游度假区1个、浙江省旅游类特色小镇2个、旅游风情小镇2个、国家4A级景区6个、国家3A级景区9个、3A级景区村庄32家，A级景区村庄全覆盖、各类产业融合基地（项目）14个、省级农家乐休闲旅游特色村10个、常态化的旅游节庆活动22个。

长兴县旅游资源丰富、独特，金钉子远古世界景区、中国扬子鳄村和十里古银杏长廊构成了长兴独特的古生态奇观；水口乡是中国茶文化的发祥地，拥有中国历史上第一座皇家贡茶厂，书写着长兴茶文化圣地的悠久历史；陈武帝故宫、仙山显圣寺、水口寿圣寺等代表性景点丰富了长兴帝乡佛国的风光；以水口乡村旅游集聚区、城山沟景区、小浦十里古银杏长廊民宿群、七彩北汤等休闲采摘、赏花摄影、精品民宿为代表的乡村旅游以及融自然山水、宗教文化于一体的仙山湖景区、太湖图影湿地公园，还有集游湿地、逛古镇、看野生动物的综合性文化旅游休闲度假区太湖龙之梦乐园……无不展示着长兴旅游的魅力。

一 聚焦品牌引领，全域旅游增绿色图景

近年来，长兴县以"丰产品兴业态、引高端强配套、树品牌拓市场、重人才优服务"四项工程为抓手，实施全域旅游龙腾计划，规划布局"一轴两翼一区"的空间结构，切实推进滨湖度假项目建设和乡村旅游提质增效，不断提升长兴旅游竞争力。打造集贡茶体验、古生态探索、优美小镇、文化创意、精品民宿、欢乐休闲、健康养生于一体的长三角休闲度假目的地和以"龙之梦"为重点的滨湖度假品牌，同时推出

"长小兴"文旅IP品牌并获省级十佳文旅IP，融合地方特色文化主题元素，塑造长兴民宿区域品牌"兴宿"，初步形成了以"常聚长兴"为核心的全域旅游品牌体系，核心吸引力日益彰显，旅游目的地效应逐步形成。

二 聚力产品推动，业态布局展彩色美景

长兴县按照全域旅游发展，全力推进旅游项目建设、乡村旅游提质、旅游产业融合发展与旅游市场推广，不断丰富旅游产品体系，拓展旅游发展空间，现已形成"乡村游""四季游""文体游""滨湖游""亲子游""研学游"等特色旅游产品。在"滨湖游"方面，核心项目太湖龙之梦乐园，集中了太湖古镇、大马戏、动物世界、海洋世界等多项文旅产品，乐园全部建成后合计拥有28000间房、70000个床位、89个宴会厅（30000平方米）、75000个演艺座位、25000个停车位，力争年接待游客3000万人次。在"文体游"方面，形成了以红色文化为主的爱国主义教育游、以古银杏等古生态为主的生态体验游、以"帝乡佛国"为特色的宗教文化游、以大唐贡茶院为主的茶文化旅游以及环太湖自行车赛、全国围棋甲级联赛、太湖图影马拉松赛、十大徒步古道等体育旅游。

在"四季游"方面,形成了"春花醉人、夏果迷人、秋色诱人、冬食暖人"四季诱惑乡村旅游品牌体系。

三 聚势产业推进,乡村旅游秀多色风景

长兴县乡村旅游起步于 2001 年,依托良好的山水资源、生态禀赋和资源优势,抢抓机遇,先行先试,乡村旅游行业蓬勃发展,经过近 20 年的发展,乡村旅游已成为长兴县旅游产业的重要组成部分,截至目前,全县共有民宿 729 家,床位数 2.5 万余张,餐位数 2.7 万余个,全国乙级民宿 1 家,省级白金宿 1 家、金宿 4 家、银宿 24 家、非遗主题民宿 1 家,全年可吸引超 1000 万游客来度长假。2018 年,水口乡村旅游集聚区被认定为浙江省首个乡村旅游产业集聚区。另外,泗安村、仰峰村、白阜村古村落及北汤村"七彩北汤"、郑家村 3D 彩绘村等以美丽村庄为依托的美丽乡村游,成为万村景区化创建的重要载体;同时,立足农副产品多彩丰富的优势,着力打造"一乡一节、一月一节、一品一节"农事节庆活动,每年举办大型农事旅游节庆活动 22 场以上,长兴县农事节庆活动荣膺"长三角最具影响力会展节庆品牌"奖。

四 聚能品质保障,旅游发展扩美好前景

目前,长兴县共有太湖龙之梦乐园等12家A级旅游景区,其中国家4A级景区6个、国家3A级景区5家(不含景区村庄)。全县共有星级饭店5家,其中四星级2家、三星级3家。特色文化主题饭店4家,其中金鼎级2家、银鼎级2家。旅行社有27家,其中五星级品质旅行社1家、四星级品质旅行社9家、三星级品质旅行社3家。729家乡村民宿(农家乐),4A级景区镇5个,A级景区村庄实现全覆盖,全国优选旅游项目2个(顾渚陆羽茶文化景区、太湖龙之梦乐园),省级旅游度假区1个(太湖图影),省级乡村旅游产业集聚区2家(水口、小浦),省旅游风情小镇2家(水口、小浦)。小浦八都岕民宿集聚区获评省级民宿助推乡村振兴改革试点,水口顾渚村2019年以浙江省第一名的成绩入选第一批全国乡村旅游重点村,城山沟—茶映南山获评浙江省首批山地休闲度假发展试点。

五 聚合文旅市场,推广营销添发展佳景

长兴县紧扣"抓好一条文旅市场消费主线,打响

一批文旅品牌活动、探索一类推广新模式"的工作思路，以市场为重点，持续推广长兴乡村旅游和滨湖度假品牌以及常聚长兴、龙之梦、长小兴、兴宿等子品牌。目前已形成"常聚长兴"过大年、5.19文旅惠民嘉年华、"欢乐长小兴"长兴亲子研学旅行幸福行动、嬉水节四大品牌活动及以宣传"六美"长兴特色文旅产品为主题的"走出去""请进来"多场推介活动，平均每年举办全域旅游宣传推介活动超20场次。深入实施新媒体"九朵云"计划，强化与抖音、小红书、微信等新媒体平台的合作，新媒体全网曝光量超6亿人次，其中2021年结合长兴秋季文旅资源，在抖音发起的"抖出长兴大片感"专题宣传活动，播放量超2亿次，视频投稿量超15万件。开设"常聚长兴"直播间，结合携程BOSS直播平台、抖音平台等年均完成直播10场，在线参与人数累计突破100万人次。在以《人民日报》、新华社、中新社为主的20余家主流媒体涉文涉旅发稿30余篇，有效扩大了长兴文旅品牌影响力。

六 聚心文旅服务，公共质量求品质

不断提升文旅公共服务能级，长兴县图书馆、长兴县文化馆均达到国家一级馆级别，长兴（太湖）博物馆按国家二级馆标准兴建并对外开放。建成城市书房9个、民宿书房20个、农村文化礼堂219家，图书总藏量65万余册，16个乡镇（街道、园区）实现文化馆分馆、图书馆分馆、综合文化站全覆盖，建设省级文化强镇4个，持续打造"太湖风"公益培训、"静美的绘本会说话""小小讲解员"等多个文化品牌，创新开展文旅演艺点单和"非遗点单""五进"行动。平均每年开展文化惠民活动3000场以上、乡村春晚100场以上、全民阅读活动500场以上，公益服务品牌"太湖风"年均培训超1万人次。同时，长兴县通过数字赋能助力智慧旅游发展。2021年，长兴县以太湖龙之梦乐园为应用模本，打造"未来景区·安心玩"应用，通过数智引领变革，推动全域旅游高质量发展；建设长兴旅游厕所"建管用育"集成新服务（方便码），通过数字化手段在旅游高峰期提升游客如厕体验感和幸福感；打造未来乡村应用，通过对水口茶文化旅游景区、小浦十里古银杏长廊景区等大型开放式乡村旅游集聚区智慧化提升，运用数字化手段使游客更便捷、更全面享受文旅发展成果。

浙江省临海市 高品质打造全域旅游示范区

临海市地处浙江东部沿海、长三角经济圈南翼，是台州副中心城市，也是区域和人口大市。现辖5个街道、14个镇，全市陆域面积2250平方千米，海域面积1590平方千米，人口120万。

临海是浙江县级市中首个国家历史文化名城，文化发祥最早可见于8000年前的新石器时代，发掘出的小芝峙山头文化遗址，比河姆渡遗址还早1000多年，置县设郡已有2000多年。全市共有各级文物保护单位（文保点）132处、各级非遗项目218项。先后被评为全国文化先进县、中国文化遗产保护典范县，位列中国文化竞争力十强县之一。蔡奇同志在台州工作期间，多次视察临海，提出"台州的历史在临海，台州的未来看临海"，并赞誉台州府城"千年台州府、满街文化人"。

一 临海市全域旅游发展工作的基本情况

近年来，临海市紧紧围绕"全境景区、全域旅游"工作目标，聚焦文旅大项目、大平台建设，深化"一心两翼多极点"全域旅游格局，全力争创国家级全域旅游示范市。台州府城文化旅游区成功晋级国家 5A 级旅游景区，临海文化和旅游发展迎来新的发展阶段。浙东南第一高峰括苍山入选浙江省十大名山，东矶列岛进入浙江省十大海岛公园培育名单，台州府城墙、桃渚抗倭古城、宋代园林东湖、唐朝龙兴古寺等古迹星罗棋布，全市共有 A 级景区 18 个，建成景区镇 3 个、景区村 220 个。

一是顶层设计更加清晰。临海市完成并发布了《临海文化和旅游业发展"十四五"规划》和《临海市东矶海岛公园建设规划》，为新时期临海文旅发展指明了方向。临海市入选浙江省旅游业"微改造、精提升"试点市，制定了《临海市旅游业"微改造、精提升"五年行动计划（2021—2025 年）》。完成《括苍山浙江省文化名山公园、浙东唐诗之路十地百珠总体策划和重点区整治提升实施方案》初稿编制。完成临海市户外运动规划，为打造长三角户外运动胜地提供顶层设计。有序展开临海文旅资源普查工作，已完成第一轮现场调研工作。

二是项目建设加速推进。加快实施"千年古城"复兴工作，着力抓好总投资额15.7亿元的17个文旅项目工程，国家5A级景区台州府城墙修缮（二期）、台州府城全国研学游营地、兴善门游客中心、灵江右岸古楼、府城村景观绿化等一批项目已建成投用。稳步推进市文化综合体、白沙湾公园、熊出没文旅小镇等重点项目建设。全面推进文旅体数字化改革，台州府城数字化文旅融合场景体验项目入选浙江省文旅数字化改革试点项目名单。加快旅游招商引资步伐，积极推进香年溪共富示范带项目、括苍云径项目等乡村文旅项目。

三是品牌提升多点开花。加快景区开发步伐，提升景区基础设施建设，积极推动括苍镇、河头镇、尤溪镇、桃渚镇景区镇创建工作。临海市连续五年入选全国县域旅游综合实力百强县，创成浙江省全域旅游示范市，当选为首批长三角高铁旅游小城，括苍镇成功创建浙江省3A景区镇，尤溪镇入选浙江省美丽城镇，临海市博物馆通过国家4A级景区资源评审。

四是文旅产业不断发展。修订文化产业、旅游市场营销等政策，对滞后的政策进行调整，以适应目前文旅体企业发展趋势，精准扶持企业发展。发布《临海市旅游市场营销（补助）实施意见（试行）》，做好企业纾困工作。发放一系列文旅消费券，提振旅消费，推动文旅产业不断发展。秉承"以商承文、以文带旅、以旅兴商"思路，出台业态发展规划，优化核心景区营商环境。既扶持本地海苔饼、蛋清羊尾等特色小吃发展，也引进高端业态入驻府城。近两年新增各类文旅业态企业200多家，概念书店、文创中心、特色咖啡馆等一批新型业态，星巴克、新荣记等高端连锁品牌店，迎春里、余丰里等高端主题民宿群相继开业，形成多业态聚集的高品质步行街，带动客流量3年内实现翻番，店铺营收翻了五番。

五是文旅品牌进一步打响。加强与主流媒体合作宣传，依托新华网、中国旅游新闻、中国旅游报、江南游报、浙江新闻App、微博、微信、今日头条等网络平台，与温州电视台《乐玩路线》栏目、FM93交通之声广播频道合作，宣传临海旅游，及时推送临海旅游信息及旅游工作进展情况，加强临海旅游的市场宣传；注重新媒体平台的宣传推广，启动诗画浙江文旅资讯平台合作事宜。做好临海旅游微信、微博、抖音、马蜂窝等新媒体平台维护工作，全面推进与临海传媒集团、台州广电总台的直播合作项目。目前，抖音粉丝量已达20万。

二 临海市全域旅游工作的亮点与成效

一是深挖文旅融合亮点，提升景区内涵。临海市全面实施"千年古城复兴"计划，以"浙东唐诗之路"和"宋韵临海"为两大主线，深入解码文化基因，打造最具辨识度的府城文化IP。陆续建成开放15个民办博物馆、12个非遗主题展示馆，常态化开展黄沙狮子、临海词调、戚家军巡城、汉服展演等演出，让历史和文化"可看、可听、可摸、可感知"。以"在地艺术、府城风韵"为主题，构建"一月一集市""一月一节庆"体系，依托新建成的紫阳街历史文化街区和紫阳剧场，植入脱口秀、现代艺术展览、话剧演出等新兴文化活动，并通过举办古城文化节、柴古唐斯越野赛、台州府城公共艺术节等大型品牌赛事活动，为传统景区赋能。2022年，央视跨年晚会首次走出北京，选择在台州府城举办"启航2022"跨年晚会，引发全球18亿人次关注。

二是升级文旅产业结构，激活夜间经济。临海市坚持文旅产业集聚发展，加强台州府城历史文化展示区、"临湖邀月"文化创意街区、紫阳街智慧商圈等建设，紫阳街入选第一批省夜间文化和旅游消费集聚区，获评省高品质步行街和"诗画浙江·百县千碗"美食街区。打造"府城夜华"夜游品牌，大力发展以沉浸式体验为主的夜游项目，创新融入传统文化和传统业态。目前，以紫阳街为核心、辐射古城的夜经济特色街区已成为本地居民、外地游客共同感受烟火气的夜经济集聚区，景区游客量3年实现翻番，日均游客增加到2.5万人次，夜游旅客占50%，沿街商铺营收实现稳定增长。

三是推进文旅数字化改革，赋能旅游发展。临海市以数字赋能"智慧景区"建设为抓手，统一对接移动支付平台，提供电子票务、扫码支付等自助服务，推动高速Wi-Fi全覆盖，并优化扫码入园、刷脸入园等体验，顺应自助体验消费升级趋势。同时，建立覆盖"智能监控、智能消费、智能导游"的智慧系统，搭建临海智慧旅游、文旅产业管理、文旅公共服务和文旅行业管理等四大文旅服务平台，实现"一机在手、游遍府城"。落地阿里云全球首款景区vlog项目，累计体验互动超过10万人次，切实提升游客微观感受。

江苏省句容市 以"福"为本
打造天下第一文旅福地

"江南山水处处好，唯有茅山品为高。"地处宁镇低山丘陵的江苏省句容市，地处长江下游南岸，是长三角的黄金地带，地理面貌以茅山山脉为主骨骼，素有"五山一水四分田"之特征。茅山是道教上清派发祥地，钟灵毓秀，群峰巍峨，历来被誉为"天下第一福地、第八洞天"，享有"秦汉神仙府，梁唐宰相家"之称。茅山还是新四军苏南抗日根据地的中心，全国六大抗日根据地之一。

地理养人，文化育人，是句容被誉为"天下第一福地"的缘由。因此，福地和福文化成为句容的文化基因人文特征。近年来，在推进乡村振兴战略过程中，坚持以"福"为本，突出"福"文化元素，围绕"福"字做文章，抓住"福"缘提品质，推进文旅融合，探索旅游产业多样性、精品化、高质量发展之路，开展了一系列创造性的文旅融合的生动实践。

一 强化顶层设计——巩固福地地位　提高旅游品位

坚持全域理念，突出格局规划。句容市根据全市不同片区发展特点和要求，落实总体规划意图，推进乡村"三生空间"的优化调整，推动"镇区景区一体化"，形成"一镇一景、一镇一韵"的差异化发展格局。完善功能规划，乡村基础设施，推进"句容福道"建设，改善景区、景点、线路硬件环境，重点围绕茅山和茅山湖、赤山湖和葛仙湖"一山三湖"建设，打造具有品牌效应的景观集聚区。强调运营策划，进行科学管理、明确分工，让集聚区内的各种经营业态互相促进、互为补充。

坚持生态领先。抓好国家级旅游度假区等"五大创建"，把文旅融合作为全市经济社会发展的支柱产业、人民群众满意的现代服务业，把旅游业作为全市"生态领先、特色发展"理念的最佳聚焦点，坚持用"全域"的理念来谋划推进，按照"景城、特色镇、美丽乡村"三个层级来谋篇布局，将全市的"山水林田湖"作为有机生命体来打造，进一步明确旅游产业的发展路径。

坚持组织保障。句容市高度重视文旅融合发展和创建工作开展，将文旅融合作为"十四五"期间的重要产业重点。市委、市政府主要领导亲自担任创建领导小组组长，建立了市旅发委工作规则，通过定期召开旅发委工作会议，强力推进各项创建工作。创新体制机制，将旅游局从宗教旅游局中独立出来，组建了新的文化旅游局并纳入政府组成部门。继续强化文旅游创建考核，按照创建责任状内容实行单独考核、单独奖惩，激发了全市创建工作热情。各镇、部门的创建工作领导小组，明确由"一把手"担任组长、由分管领导具体负责，涉旅镇必须单独设立"旅游办公室"，全市抓旅游的组织保障得到空前强化。全市文旅融合发展形成了"一把手"工程、部门协同的组织领导机制，同时依托人大和政协形成督办机制解决重大问题，形成多方参与的发展机制。

坚持资金供给。在发展资金上，建立文旅融合旅游发展政策保障体系。完善发展的市场机制，依托土地综合整治，开辟文旅融合发展新空间；结合土地收储，盘活存量建设用地，创新实施"点状供地"，有效解决项目落地难题；通过专项行动计划分层次引进人才、专项资金激励、"上挂"与"下挂"合作等，创新文旅融合发展人才建设。

二 强化地域特色——保护生态环境开发旅游潜能

在文旅融合发展中,句容市强调并坚持特色发展,避免同质化竞争。依托自身特有的自然禀赋和文化传承,打造"这边独好"的风景。充分彰显生态气质,实现宜居宜游。围绕"产业兴旺、生态宜居、乡风文明、治理有效、生活富裕"20字方针要求,助推美丽乡村建设提档升级,加快推进"一福地四名城"建设,牢固树立和践行"绿水青山就是金山银山"理念,重点发展以道教养生文化为特色的茅山山林田园生态旅游区和以佛教文化为特色的宝华山山林田园生态旅游区。建设"具有最佳人居环境的宜居宜游名城",把最佳人居环境作为乡村发展的目标导向,把全面提高舒适度融入规划建设管理之中。通过不懈努力,近年来几大旅游品牌声名鹊起。

"节庆游"亮点频现。草莓节、樱花节、郁金香节、茶香节、葡萄节、稻香节等节庆活动精彩纷呈,伏热花海、芝樱花海、茅宝葛园、得撒石磨豆腐村等乡村旅游点美誉度不断提高。其中全球最大的芝樱小镇、伏热花海等景区自开园以来人气火爆,多次被中央电视台报道。

"红色游"有声有色。围绕句容市东进林场、茅山新四军纪念馆、苏南抗战胜利纪念碑、新四军枪械修理所等景点做足红色文章，先后引进了读家书、听红色快板、看红色电影、集体宣誓等活动，让老年人有了重温激情岁月的地方，让年轻人有了接受革命传统教育的去处。

"休闲游"方兴未艾。放大道教茅山、佛教宝华山和国家级湿地赤山湖的"两山一湖"优势资源，让"福道"成为乡村旅游等活动的重要串联载体，先后成功举办了句容马拉松、环太湖国际公路自行车赛（句容段）等国际性赛事，带动游客2万余人次，实现综合收入3000万元。此外，还依托良好的生态资源，强化休闲度假酒店、精品民宿客栈的建设和管理。包括以茅山风景区为依托，打造总投资50亿元的康缘中华养生谷；以赤山湖国家湿地公园为依托，打造健身基地；以仑山湖为依托，打造休闲度假基地。

"田园游"渐入佳境。紧扣"美丽乡村，幸福家园"主题，以展现田园风光和农家生活体验为突破口，相继推出了"丁庄葡萄采摘游""戴庄农事体验游""西冯草坪观赏游""红色草莓、紫色桑果采摘游"和"趣味休闲赏花游"等乡村旅游线路，西冯村、丁庄村、戴庄村已分别获评全国一村一品示范村、全国美丽乡村示范村、江苏省最美乡村。

三 强化融合发展——推进要素集聚彰显文化内涵

句容历史上属吴头楚尾,东部有茅山,西部有宝华山,两山佛道相望,文化底蕴深厚。推进文旅融合发展有着良好的禀赋和优势。

坚持项目为王,强化要素集聚。狠抓文旅产业招引和服务。完成了3个文旅项目评估和4个5000万元以上文旅项目签约,总投资百亿元规模的中意文旅国际合作示范区项目和勒芒赛车项目按计划稳步推进;在建项目中恒大童世界29个单体主体封顶、景观湖及中心园林对外开放,茅山温泉酒店建成运营,康缘中医药文化产业园、茅山豆腐村乡村田园酒店加快建设。一批体大质优的在谈、在手项目保证了句容旅游高质量发展的后劲。强化"旅游+"的联动机制,通过积极申报和打造茅山中医药健康旅游示范区、茅山湖国家康养旅游度假区,培育了一批行业精品酒店和度假场所,形成了茅山湖康养度假、宝华山养生养心、赤山湖体育康养相结合的三大康养产业集群;与体育产业的融合,仑山湖国际路亚比赛、中国铁人三项联赛、马拉松赛持续举办,句容休闲体育品牌正在形成;与农业的融合,大力推广农业生态观光、农耕农事体验、四季水果采摘等乡村旅游模式，创成1家中国乡村旅游创客示范基地，10个休闲农业示范园区；完善文旅产业链，突破较为单一的产品业态和产品消费结构，挖掘乡村美食、民俗文化等资源，提高乡村旅游的互动性和参与度，提升乡村旅游产业附加值。

推进多元融合，激活文化内涵。做好文旅、农旅、体旅、养旅、商旅融合文章，开展第二批乡村振兴试点建设，推动东部、南部农业板块的农文旅深度融合。倾力打造文化传承"第四张名片"，积极运用"+旅游"理念，发挥"浸润性"思维，把红色、宗教等乡土文化嵌入乡村每一处肌理。大力实施"双抢"工程，保护传承张家镗舞、二龙戏珠、秦淮灯彩等传统民俗文化，进一步把句容市历史文化元素浓缩结晶成文化标志，打造乡村LOGO和文化IP，着力增强文化的引领力、凝聚力和竞争力。加强乡村农耕文化的保护与开发，围绕"农具、农田、农产、农活、农俗"等主题，实施"乡村旅游+文创"工程，规划建设"农耕生活体验馆""农具博物馆""农业文化主题公园"等农业文化旅游产业平台。

2022年，面对新冠疫情的严峻形势，句容市千方百计提振文旅产业信心，制定了"纾困十条"，"戴着口罩抓发展"，争取到扶持奖补资金213.8万元，打响了两个品牌：一是福地文化旅游节，串联起福地句容文化艺术节、茅山文化旅游节、葡萄文化节、樱花节、茶文化节、草莓文化节、农民丰收节、泡山节等系列节庆和文化活动，提升福地句容的知名度和影响力；二是体育旅游嘉年华。整合全年"运动会"、社团活动、全民健身等参与性与观赏性俱佳的系列体育赛事活动，以市民广泛参与为导向，推动全民健身，激发城市活力，用"体育+旅游"传播矩阵，产生"1+1>2"的效果。

四川省江油市　大力实施"文旅兴市"战略　激发全域旅游活力

近年来，江油大力实施"文旅兴市"战略，依托丰富独特的文化旅游资源，全力推动文旅融合发展迈上新台阶，加速放大"天府旅游名县""省级全域旅游示范区"综合效应，把"三个一"工程作为文旅融合发展的重点，即"一个新的高位目标""一个新的超级IP""一个新的核心承载"，完善文旅发展布局，塑造文旅发展品牌，创新文旅发展业态，升级旅游综合服务，激发全域旅游活力，现已成为四川省文旅产业的一股强劲力量。

锚定"一个新高位目标"。力争到2025年，江油市接待游客数突破1200万人次、旅游总收入达到150亿元，将进一步完善基础设施、推进智慧旅游、强化服务监管，加快打造巴蜀文化旅游走廊重要特色旅游目的地，争创国家全域旅游示范区。

做强"一个新超级IP"。打造李白文化超级IP。江油素有"李白故里"美誉，李白出生在这里并度过了24年的青少年时光，"李白出生地"已成为绵阳"白红绿"城市新名片的"三色之首"①，江油以李白文化为核心的文旅产业将在更大格局迎来更大机遇。江油市将加快推进李白文化产业园建设，继续办好李白文化旅游节，切实彰显"世界的李白"风采，讲好"李白的江油"故事，打造文旅产业的"李白文化"超级IP。

做实"一个新核心承载"。重点打造江油李白故里文化旅游区。以李白在江油的遗址、游踪、诗篇为内核，以市域优质旅游资源为依托，统筹规划建设李白故里文化旅游区，着力完善提升李白故居、李白纪念馆等国家4A级景区，与绵阳方特东方神画景区串珠成链、连片打造，形成市域游客流量爆点；大力推动中华洞天"创4A"、窦圌山"创5A"工程，全面打造天府旅游"名镇、名村、名品"体系，着力构建"一核引领、全域发展"文旅经济格局。

---

① 2022年6月15日，四川省委常委、绵阳市委书记曹立军在中国（绵阳）科技城厦门推介会上，用"白红绿"来介绍绵阳，其中另外"两色"为红色基因之城、绿色生态屏障。

一 提升"李白故里·诗意江油"文化旅游品牌影响力

（一）突出李白文化牵引。江油深入挖掘李白文化资源及其当代价值，着力构建以李白文化研究阐发、教育普及、创新发展、传播交流、保护传承、人才培养"六大工程"为支撑的李白文化传承创新体系，建立起以李白研究院和研究会为支撑的国际性李白学术研究中心，以"太白书院"研学品牌等为支撑的李白文化传习基地，以"一带一路"李白文化节、《李白归来》诗舞剧等为支撑的李白文化品牌活动。着力打造李白故里文化旅游区，力争创成1个国家5A级景区，游客量和旅游收入均达到绵阳的30%，唱响"李白故里·诗意江油"文旅品牌。

（二）突出精品景区支撑。江油现已建成开放性景区景点19个，成功打造5个国家4A级旅游景区，2个国家3A级旅游景区。依托精品景区"串珠成链"打造了美丽乡村休闲游、生态文化欢乐游、仙奇文化探秘游等精品旅游线路。2021年，中华洞天景区成功通过4A级景区资源评价。计划建设的李白故里文化旅游区，涵盖了李白在江油市的主要遗址游踪和江油市特色文化旅游资源，未来将打造成江油市文旅金字招牌。

（三）突出全域融合发展。江油抓住乡村振兴战略机遇，大力实施"旅游+"融合发展战略，乡村旅游、工业旅游、科技旅游、研学旅游等新业态竞相涌现，培育星级农家乐、特色业态经营点等127家，2021年荣获第三批"天府旅游名县"命名县，成功创建省级全域旅游示范区，获评省级民间文化艺术之乡（李白文化），2022年连续5年上榜全国县域旅游综合实力百强县。

（四）突出重大活动助阵。江油连续举办"一带一路"李白文化节，常态化举办江油市乡村文化旅游节，成功承办2021年"世界蜜蜂日"中国西南区暨四川主会场主体活动；积极参加"大九寨"联盟和"大蜀道"联盟年会，开展文旅资源宣传推介；结合文旅市场消费需求，常态化举办特色美食节、厨艺大赛、啤酒节等活动推广特色餐饮品牌，培育100余家特色美食餐饮店，注册特色食品商标16个。实现"季季有主题、月月有活动"，文旅品牌知名度和美誉度显著提升。

二 加快构建文化铸魂、旅游赋能的现代旅游产业体系

（一）注重龙头企业带动。江油坚持规划引领，规

划建设李白文化产业园、华夏历史文化科技产业园等文旅产业园区，引进华强方特等文旅龙头企业，做大做强本土文旅企业，现有规上文化旅游企业10家，华强方特（绵阳）旅游发展有限公司2021年税收超3000万元。

（二）注重重大项目推动。江油坚持大抓项目、抓大项目，华强方特绵阳复兴之路文化科技园项目顺利签约，加快推进李白文化产业园二期、江油中华洞天景区三期等在建项目，策划储备松花岭航空小镇等51个文旅项目。李白故里文化旅游区、绵阳复兴之路文化科技园项目被列入国家重点项目库备案项目，皓月酒店、皓月广场、云帆国际会议中心（酒店）被列入绵阳市重点项目名单。李白文化产业园项目被列入四川省文旅融合发展示范项目。江油中华洞天景区被列入国家4A级旅游景区创建名单。

（三）注重特色要素拉动。江油构建以星级酒店为龙头、商务酒店为基础、乡村民宿为补充的旅游住宿体系，现有旅游承接功能的酒店、宾馆、民宿共266家，床位共1.18万张。近一年来，江油市先后引进洲际酒店管理集团旗下智选假日酒店、华住酒店旗下汉庭酒店等国际品牌管理公司经营的中高端酒店，提升住宿承载能力。培育特色美食餐饮店61家，江油肥肠、太白鸡获评"天府旅游美食"称号。

三 稳步推进建设"快进慢游"便捷安逸旅游环境

（一）打造快进慢游系统。江油着眼于构建外联内通、地空立体的交通体系，打通通往绵阳机场的快速通道，新建北部生态旅游扶贫环线。近一年来，以绵九高速公路建设为契机，完成大佛路（大康镇—佛爷洞景区）道路改扩建工程，新建成马清路（马角镇—清沟景区），全市旅游交通基础设施水平进一步提升。

（二）打造智慧旅游系统。江油大力推进智慧旅游建设，推广运用好"码上江游"旅游程序，提供信息咨询、票务预订、餐饮住宿等线上一体化服务，实现"一部手机游江油"，推动国家 A 级景区全面接入智游天府和大数据平台，投入智慧旅游查询机 19 台，实现智能导游、电子讲解、视频监控全覆盖。

（三）打造畅游保障系统。江油巩固拓展全国文明城市创建成果，持续开展交通、市场、卫生、文化、治安、公共场所"六类专项秩序治理行动"，深入开展以"三边三化""三改一整"为主要内容的城乡环境综合治理，保质保量完成了旅游"厕所革命"任务，完善标识标牌、导览图等配套设施，壮大文旅志愿者队伍 9 支 211 人，常态化开展志愿服务公益活动，

2022年1—5月，志愿活动服务时间1428小时。

（四）打造高素质人才队伍。江油实施好"李白故里文旅英才"项目，遴选文旅英才予以经费和项目方面的政策支持。大力开展文旅人才、文旅能人、非遗传承人培养工程，7人荣获四川省乡村文化和旅游能人称号，2人入选2021年四川省有突出贡献乡村文化和旅游能人名单。每年针对旅游从业人员开展技能提升培训和职业素质教育培训近万人次。创新培育模式，实施柔性引才，采用"校企合作"方式，引导旅游经营单位与四川大学、西南科技大学等14家高校签订合作协议，开展各类人才交流活动。围绕发展特色旅游产业和乡村振兴，推行"技能培训+技能比赛"模式，对讲解员、非遗人才、旅游经营管理人才等开展职业技能和实用技术培训，先后举办各类培训十余次。

四川省宣汉县 "文旅靓县"开创文旅高质量发展新局面

宣汉县，东汉和帝二年（公元90年）始置县，取名寓宣扬汉王朝德威之意。位于四川最东边，县域面积4271平方千米，辖37个乡镇（街道）、342个村、81个社区，人口132万（土家族人口近7万），是全国革命老区县、四川省扩权强县试点县和少数民族地区待遇县。宣汉县人文厚重。巴风土韵源远流长，拥有全国规模最大、年代最久远、规制等级最高的巴文化遗址——罗家坝遗址，是巴文化的发源地和"中国巴文化之乡"；土家民俗风情独具，薅草锣鼓入选第一批国家级非物质文化遗产名录，是四川省唯一的土家族聚居地；红色文化底蕴深厚，孕育了老一辈无产阶级革命家王维舟和新中国10位将军，是四川省在册红军烈士最多的县和全国唯一一个"一县成军（红三十三军）"的县。宣汉旅游资源富饶，森林覆盖率

62.14%，拥有省级旅游度假区1个，国家4A级旅游景区3个、3A级旅游景区7个，荣获第二批"天府旅游名县""首批省级全域旅游示范区"等多项殊荣，获评2021年"中国旅游百强县"、2021年"中国县域旅游综合竞争力百强县"，是川渝陕文化旅游重要目的地和最美中国文化旅游目的地。

近年来，宣汉县紧紧围绕建成"全国生态旅游度假区、全国巴文化高地"目标定位，深入实施"文旅靓县"战略，大力实施"兴产业、靓品牌、提品质、树形象"四大文旅工程，加快构建"双区引领、全域带动"文旅发展新格局，持续做实、叫响、擦亮"天府旅游名县"金字招牌，加速推进疫情常态化防控背景下全县文化旅游业提档升级，翻开了文旅事业崭新篇章，取得了丰硕的成果，全县文旅经济质效高、产业发展势头强劲。2021年全县接待游客1400万人次、实现旅游综合收入120亿元。

一　全域规划引领，构建文旅融合格局

一是坚持规划引领。宣汉县按照"各具风情、功能互补、差异发展"的总体要求，出台《宣汉县创建国家全域旅游示范区实施方案》和重点任务分解表，高标准编制完善全域旅游发展规划，对旅游资源进行

统筹规划、深度挖掘，全面构建特色鲜明、配套齐全、文旅融合的全域旅游规划体系，形成东龙头、西休闲、南康养、北体验、中观光的"一区多点"全域文旅游发展新格局。高标准编制完成《宣汉县"十四五"文化和旅游发展规划》《宣汉县五马归槽森林康养旅游度假区旅游总体规划》。二是实施项目牵引。规划实施月亮坪、罗家坝等一批重大项目，投资60亿元，高位推进月亮坪森林康养旅游度假区项目建设，投资40亿元，高位推进明月文旅新城项目建设，以项目铸牢文旅产业支撑，深化大峡谷、大雪景、大遗址、大文化、大红色、大剧场建设。夜游巴山、世界第一玻璃桥——云顶飞渡玻璃桥、漂流等项目体验，有力促进了后疫情时期的旅游经济复苏。

二 聚焦共建共享，完善公共服务体系

一是优化旅游配套。宣汉县坚持"基础围绕旅游建、设施围绕旅游配"，启动实施全县交通运输"三年大会战"，重点推动城区到景区快速通道、景区内环线、步游道、城市绿道等建设、提升。以"景区标准"推进基础设施建设，突出功能性和景观性同步配套，积极构建城乡均质、景村共用的公共设施和服务体系。高标准新建县级全域旅游集散中心1个，提档

升级景区游客中心 8 处、新增和改建 A 级旅游厕所 146 座。二是提升"运管服"水平。宣汉县新建 5G 基站 110 个、建成宣汉县全域旅游大数据中心及巴山大峡谷智慧旅游平台，并有效运行、及时更新。旅游景区、旅游饭店、旅游民宿、特色餐饮点、旅游购物场所等经营场所均能提供线上预订、网上支付等服务；旅游投诉举报渠道畅通有效，处理规范公正。在四川省率先出台"三边三化、三改一整"量化标准。为提升县城旅游功能，启动特色街区、旅游休闲步道（城市绿道）、导视系统、旅游集散中心、服务质量、居民文明礼仪六大提升行动，特别是在县城出租车全域安装 360 度视频跟踪系统，依托"新技术"推动服务质量提升，受到广泛好评。

三 用心打造品牌，丰富和提升全域文旅形象

宣汉县紧紧围绕建成"全国生态旅游度假区和全国巴文化高地"目标定位，深入推进"旅游+""+旅游"融合发展。一是构建多元的文化旅游产品体系。宣汉县红色旅游、文化旅游、研学旅游、生态康养旅游、乡村旅游、冰雪旅游、避暑旅游、夜间旅游、轻奢露营等比肩发展，充分展示亮点卖点，激发文旅市

场活力。二是文化产品推陈出新。方言小品《王大贵相亲》获四川省优秀群众文艺作品奖、歌舞《幸福生活抿抿甜》在四川省首届乡村文化振兴魅力乡镇竞演大赛中获一等奖；文化服务动能强劲，宣汉巴山民俗演艺团获"四川省文旅公共服务高质量发展优秀团队"称号，宣汉县文化馆被文旅部评估定级为"一级文化馆"，宣汉县被命名为四川省"民歌"民间文化艺术之乡；全国重点文保单位罗家坝遗址正在进行第八次考古发掘，总揭土1200余平方米，目前发现墓葬30余座，正在清理中；巴山大峡谷成功创建为首批四川省地学研学旅行实践基地、宣汉县文物管理所成功创建为首批四川省研学旅行实践基地；非遗传承有力，刺绣作品《土家背裙》在"首届川渝非遗绣活大赛"中斩获铜奖，开发"梦里巴国、山水宣汉"文创伴手礼、巴山万家系列等特色文创产品30余种；精心打造薅草锣鼓、马渡民歌、土家婚俗表演等民俗文化节目，持续开展常态化文旅类节庆活动14种。三是旅游品牌捷报频出。巴山云顶成功创建为省级旅游度假区、高峰岩颐养庄园成功创建为国家3A级旅游景区，成功创建天府旅游名镇1个、天府旅游名村1个、全国乡村旅游重点村1个、省级乡村旅游重点村5个，宣汉10道美食入选天府旅游名菜名录。开发特色旅游线路10余条，获评2021年"中国旅游百强县""中国县域旅游竞争力百强县"。

四 全时宣传营销，打造大巴山新地标

一是坚持内外联动。宣汉着力推动"梦里巴国·山水宣汉"品牌形象走出去，对接中央电视台《探索·发现》《远方的家》等栏目拍摄《考古中华·宣汉罗家坝》《百山百川行》《中国影像方志·宣汉》等专题纪录片，做响宣汉"巴文化"独特品牌。刘和刚老师演唱的为宣汉量身打造的歌曲《山路不只十八弯》，本土创作《巴人钱棍舞起来》等"宣汉特餐"，被央视等主流媒体聚焦报道。深化与景域"驴妈妈"的战略合作，推动全县文化旅游资源和产品进都市、进央视、进交通、上自媒体，强化国内、国际平台宣传营销。成功举办中国文联"送欢乐下基层"、四川省旅游景区发展大会等国家级、省级大型文旅活动10余场，先后创作《土家婚俗》《壮美宣汉》等歌舞20余个。

二是着力区域联动。宣汉主动融入川陕甘"5+2"（川东北5市+陕西汉中市、甘肃陇南市）文化旅游联盟、建设大巴山国际旅游度假区的先行地，着力开展精准营销。持续推动区域联动，积极参加天府旅游名县联盟、"大巴山·大三峡"文化旅游发展联盟推广

活动，创新"边缘变前沿"营销理念，扩面推介、跨界营销。目前，西安市已开通西安至巴山大峡谷的专线旅游大巴，同步依托地缘优势创新"边缘变前沿"营销理念，与重庆开州、城口、达州万源三地签订《大巴山国际旅游度假区协同发展战略合作协议》，联动推介大巴山文化体验游、大巴山生态度假游等精品线路，实现区域抱团发展、互利共赢。

　　下一步，宣汉县将积极抢抓巴蜀文化旅游走廊和成渝地区双城经济圈、万达开统筹示范区建设等国家重大战略机遇，加速打造"大巴山国际旅游度假区"先行地，协同推进巴文化旅游艺术走廊建设，联动推介巴文化主题游、生态度假主题游、红色研学主题游等精品线路，持续提升宣汉文旅品牌传播力、影响力和美誉度。

山东省滕州市 深化文旅融合 聚焦产业振兴 推动文化资源大市向文化生态旅游强市华丽嬗变

滕州位于山东省南部，总面积1495平方千米，辖21个镇街，总人口176万，是山东省人口最多的县级市。滕州历史悠久，文化灿烂，是科圣墨子、工匠祖师鲁班、善施仁政的滕文公、招贤纳士的孟尝君、造车鼻祖奚仲、勇于自荐的毛遂故里，境内有7500年前的"北辛遗址"及滕国、薛国故城等古文化遗址。全市拥有各级文物保护单位750处，其中全国重点文物保护单位5处，岗上遗址成功入选2021年度"全国十大考古新发现"。全市建有国有博物馆6处，其中国家一级博物馆2处，分别是滕州市博物馆、滕州汉化像石馆，国家二级博物馆4处，分别是滕州市美术馆（王学仲艺术馆）、墨子纪念馆、鲁班纪念馆、墨砚馆。全市馆藏可移动文物74000件（套），其中国家一级文物 60 件（套），"齐鲁瑰宝" 3 件。全市现有国家A级旅游景区 22 家，其中国家 4A 级旅游景区 2 家，3A 级旅游景区 10 家。2021 年全市旅游接待人数 635.4 万人次，实现旅游收入 68.51 亿元。滕州先后入选"中国最佳文化生态旅游名城""中国最佳文化休闲旅游目的地""中国诗意休闲百城榜""中国文旅融合创新示范城市""中国最具文旅投资价值城市"，蝉联"全国县域旅游综合实力百强县"，获评第一批山东省文化和旅游消费示范市、第一批山东省文旅康养强县、第三批山东省全域旅游示范区，入选第一批"山东省文物保护利用示范区"创建名单。滕州市文化和旅游局被人力资源和社会保障部、文化和旅游部授予全国文化和旅游系统先进集体称号。

一　强力推动文旅融合发展进入新境界

（一）锚定模式创新，树牢共建共融理念。滕州市把全域旅游作为落实全面深化改革的重要突破口，牢固确立以旅游业带动和促进全市经济社会协调发展的全新理念，研究制定《滕州市"五闯五攻五样板"三年行动实施意见》《创建省级全域旅游示范区实施方案》，建立市委常委会、政府常务会议定期研究全域旅游工作机制。成立滕州市旅游发展有限公司、滕州微山湖湿地集团有限公司，引导组建旅游行业协会、文旅产业党建联盟，各镇街设立旅游发展办公室，将全域旅游示范区创建任务分解细化，纳入经济社会发展综合考核体系，加强创建宣传教育，营造浓厚社会氛围，构建起各部门齐抓共管、各行业融入其中、全城居民共同参与的体制格局，凝聚起全域旅游发展的强大合力。

（二）聚焦产业振兴，实施专班专抓战略。滕州市精准对标山东省新旧动能转换"十强产业"，研究出台了《关于聚焦产业振兴加快高质量发展的实施意见》，将文旅康养产业确立为全市重点培植发展的八大主导产业之一，并从有关部门、镇街抽调专业人员，组建了由三名副县级领导任组长的高规格文旅康养产业专班，明确了规划编制、招商引资、招才引智、企业培育等产业发展任务，充分发挥专班专抓、综合协调职能。各镇街、各部门严格执行"一把手"顶格协调机制，对专班工作事项，第一时间推送、第一时间解决。滕州市文旅康养产业专班组自成立以来，先后洽谈对接、协调推进总投资70亿元的蓝城鲁班小镇、总投资60亿元的微山湖红荷水镇、总投资50亿元的光大温泉康养小镇等招商引资项目36个，其中9个过亿元大项目相继开工，新培育发展A级景区8处，有力拓展了旅游业态，促进了产业融合，丰富了供给体系。

（三）深化文旅融合，做足以文促旅文章。依托厚重的历史文化资源，按照"宜融则融、能融尽融"的原则，把加快培育文化旅游与丰富旅游文化内涵紧密结合，深入推进"文旅+"融合发展战略，先后实施北辛遗址、薛国故城、滕国故城等保护开发工程33项，建成鲁班湿地公园、滕州国防科技教育基地、微山湖红荷湿地党性教育基地、铁道游击队影视基地等多处景区、景点，充分发挥文化的灵魂引领和旅游的载体功能。累计投资近20亿元，规划建设墨子文化城，先后建成全国唯一的墨学研究纪念馆、全国功能最全的鲁班纪念馆、全国县级最大的汉画像石馆、全国最大的砚台陈列馆、全国一流的县级博物馆和被书画界誉为"江北兰亭"的王学仲艺术馆，修复加固了始建于唐末宋初的龙泉古塔，形成包括一个全国重点文物保护单位、两个国家一级博物馆和四个国家二级博物馆在内的"一塔六馆"特色文化旅游格局，成功创建第二批山东省夜间文化和旅游消费集聚区，成为滕州市"城市文化会客厅"、地标式建筑群和文旅融合发展典范。

（四）盘活山水林田，提升生态生金效益。牢固树立"绿水青山就是金山银山"理念，紧密结合境内界河、荆河、薛河流域"三河三带"文化旅游带打造，大力实施"山水林田大会战"，全面加大自然生态资源保护开发力度，墨子森林公园、荆河湿地公园、北辛植物园等一大批新建改造项目相继竣工开放。滕州市先后成功创建国家卫生城市、国家园林城市、国家森林城市、全国绿化模范市、全国生态文明先进市。目前，拥有全国特色小镇 1 个、农业旅游示范点 1 处、山东省农业旅游示范点 13 处、山东省旅游强乡镇 10 个、山东省旅游特色村 20 个、山东省级乡村旅游重点村 2 个、山东省景区化村庄 7 个、星级农家乐 52 家。滕州微山湖湿地红荷风景区总面积达到 90 平方千米，现为华东地区面积最大、保存状态最原始、自然景观最佳的湿地和中国最大的荷花观赏地，被评为国家湿地公园、国家水利风景区、全国十大生态文明教育基地，成为保护性开发的典范之作。

（五）完善产业配套，强化全域全程服务。滕州市充分发挥基础优势，近年来每年设立 4000 余万元的文旅产业专项资金，并集中统筹各部门资金发展全域旅游，不断提升宜居宜游的环境品质。目前，全市建制村和新型农村社区等级公路通达比例达到 100%，城区到 A 级景区通游道路全部达到二级路以上标准。全市开通各类公交线路 75 条，其中旅游公交 15 条，实现 A 级景区全覆盖。累计设立旅游交通标识牌 200 余块，新建改建各类旅游厕所 329 座，98 家机关企事业单位加入旅游厕所开放联盟。新建旅游集散中心，广泛设置咨询服务中心、游客服务点。格林豪泰、银座佳驿、7天优品等200余家品牌连锁酒店进驻滕州，接官巷、鲁班里、步行街、赐宴街、中万国际、保利万达等城市休闲游憩区、特色文化街区、餐饮街区和商业综合体相继建成运营。

（六）叫响特色品牌，集聚联动联营合力。围绕提升文化旅游品牌影响，连续多年成功举办墨子文化节、鲁班文化节、微山湖湿地红荷节、滕州书展、温泉节、梨花节等10余个品牌节会活动，先后举办国际山地徒步大会、山东省全民健身运动会万人骑行暨环龙山龙湖自行车赛、山东省城市龙舟对抗赛等重大赛事，不断加大在国家主流媒体和主要客源市场中的宣传推介力度，社会化选聘文化旅游宣传大使，多主体、多渠道、多形式开展旅游品牌营销推广，强力打造"墨子鲁班故里·湿地红荷之都"的文化旅游品牌，滕州旅游的知名度、美誉度和吸引力、影响力持续提升。

二 文旅产业跨界融合培育形成新优势

（一）以全域旅游引领发展模式全面创新。滕州市深入贯彻落实新发展理念，制定出台了《"五闯五攻五样板"三年行动实施意见》，闯创新、协调、绿色、开放、共享发展之路，攻动能转换、城乡融合、生态环保、深化改革、全面小康之坚，打造经济高质量、新型城镇化、可持续发展、动力新高地、治理现代化"五个样板"，为推动高质量发展注入源源不断的强劲动力。

（二）以文旅融合带动产业业态不断丰富。滕州市立足文化底蕴深厚的独特优势，出台了《滕州市推进文化旅游融合发展实施方案》，以改革创新为动力，以提供更丰富的文化和旅游产品为重点，加快文创旅游与乡村、农业、工业、体育、康养、教育等融合，推动"文旅+"产业业态实现新突破。

（三）以"三河三带"整合文旅资源串珠成链。滕州市依托现有历史文化和景区景点，整合文物、旅游、水利、农业、交通等方面资金力量，串联薛河流域、荆河流域、界河沿线文化和自然景观，打造"三河三带"文化旅游带，不断彰显全市生态旅游高价值。

（四）以多城同创提升宜居宜游城市品质。滕州市以创建全国文明城市、国家健康城市、国家生态园林城市、全域旅游示范区，巩固国家卫生城市、国家森林城市、全国绿化模范市创建成果为契机，夯实责任，强化措施，形成全民参与、齐抓共管的强大合力，推动城市品质全面提升。

三　整合资源聚力打造文旅融合新经验

（一）以专班专强化资金投入，推动产业振兴。滕州市成立文旅康养产业工作专班，主动对接吸引外资，加大资金投入，规划布局了一批带动性强的旅游项目。自专班成立以来，推进微山湖红荷水镇、光大温泉康养小镇、龙山生态动物园等17个项目开工建设，总投资176.2亿元。

（二）以党建联盟引领抱团发展，强化产业主体。滕州市成立文创旅游产业党建联盟，开展组织联建、人才联育、活动联办、资源联享、事务联商、品牌联创"六联"服务，主动对接企业需求，优化发展环境，做大做强优势产业。

（三）以共建共享统领全域旅游，强化公共服务。滕州市整合交通、自然资源、教体等部门资金，发展全域旅游，统一部署旅游厕所、旅游交通、停车场等公共服务设施，强化多部门参与、多渠道投入机制，共建全域旅游，共享美好生活。

（四）以特色节会引领宣传营销，强化品牌影响。滕州市围绕提升文化旅游品牌影响，成功打造墨子文化节、鲁班文化节、红荷节、滕州书展、温泉节、梨花节等一系列文化旅游节庆品牌，极大提升了滕州的知名度、美誉度、吸引力和影响力。

广东新兴县　发展全域旅游打造粤港澳大湾区旅游休闲目的地

　　新兴县位于广东省中部偏西，毗邻粤港澳大湾区，江罗高速、汕湛高速、高恩高速贯穿全境。交通便利，区位优势明显。近年来，新兴县紧紧围绕建设禅意生态名城的目标，充分发挥禅宗文化和优良生态的资源优势，坚持"文化引领、旅游带动、产业融合"发展理念，积极推动"旅游+"产业融合，全面推进全域旅游发展工作，擦亮了禅宗文化游、温泉养生游、生态休闲游、美丽乡村游四大特色旅游品牌，取得了显著的成效。2019年，全县接待游客1380.25万人次，社会旅游总收入132.68亿元，分别比2018年增长10%和11%。新兴县已成为集朝圣观光、旅游度假、休闲娱乐、商务会议为一体的旅游胜地。

一　打造旅游亮点，发挥品牌效应

新兴县是"东方三大圣人"之一的佛教禅宗六祖惠能出生、成长、圆寂之地，也是《六祖法宝坛经》的辑录地，有着1300多年的禅文化底蕴，是中国禅宗文化的发祥地之一。新兴县利用六祖惠能圣迹和禅文化资源，开发了六祖故里旅游度假区、禅域小镇、惠能纪念广场等景区（点），建设了一条"惠能纪念广场—金台寺—禅域小镇—国恩寺—六祖故居—香灯岗—藏佛坑—天露山"30多千米的国际级朝圣寻根大道。新兴县拥有国内罕见、广东省内独一无二的硫氢化物温泉，含有20多种对人体有益的微量元素，水温高、有奇效，对皮肤病、风湿病等多种疾病有显著疗效，被国际气候与养生联合会授予"世界禅意养生温泉"称号。利用温泉资源，开发建设了六祖故里旅游度假区（龙山温泉）、翔顺金水台温泉小镇、青山绿水温泉旅游度假区等景区（点）和禅泉度假酒店、翔顺龙山酒店、龙山温泉酒店等温泉酒店，形成温泉养生旅游线路。新兴县是广东省的山区县之一，山清水秀，风光秀丽，气候宜人，利用优良的生态资源，开发建设了天露山旅游度假区、象窝山生态园、悦天下生态度假区等景区（点），形成了生态休闲旅游线路。

新兴县是"全国休闲农业与乡村旅游示范县""中国最美乡村休闲旅游胜地",利用实施乡村振兴战略的契机,打造了龙山塘村、碧塘村、良洞村、石头冲村、外布前村5个精品村和一批美丽乡村示范村,形成了禅意之旅、现代农牧之旅、禅茶文化之旅、生态之旅、紫色天堂之旅5条美丽乡村游精品线路。

二 围绕旅游元素,提升旅游服务

新兴县围绕吃、住、行、游、购、娱旅游六要素,不断增加旅游产品供给,逐步完善配套服务设施。全县有六祖故里旅游度假区、翔顺金水台温泉小镇、天露山旅游度假区3个国家4A级旅游景区,还有禅域小镇、青山绿水温泉旅游度假区、象窝山生态园、悦天下生态度假区、禾泰农场、树贤绿色农庄、藏佛坑、神仙谷等人文景区和自然生态景区。在原有翔顺花园酒店、翔顺龙山酒店、龙山温泉酒店等星级饭店的基础上,近年来新建成禅泉度假酒店、喜来登酒店、维也纳国际酒店、雅途酒店等高档次酒店和品牌连锁酒店。培育了云座农场、悦榕农庄等一批精品民宿。据统计,全县现有宾馆酒店近80家,星级农家乐20多家。建成了筠城国际广场、凤凰广场、新城市广场等一站式城市休闲娱乐购物综合体和一批旅游特产商店,大大满足了游客的各种需求。同时,建成了连接粤港澳大湾区和大西南的外联交通网和内部交通网,提高了游客可进入性和景区通达性。

三 发展"旅游+",丰富旅游业态

新兴县围绕建设"国家一二三产业融合发展示范县"的目标,一张蓝图干到底,三产发展均衡、结构良好,已经形成一二三产业"各有龙头、融合发展"的态势。第一产业有以广东华农温氏畜牧股份有限公司为龙头的现代农业产业集群。广东华农温氏畜牧股份有限公司作为现代农业产业集群的龙头,是亚洲最大的畜牧养殖公司,肉猪生产销售规模亚洲第一。第二产业有以凌丰集团、广东万事泰集团等为龙头的不锈钢制品产业集群。新兴县是全国最大的不锈钢餐厨具生产和出口基地,是"中国不锈钢餐厨具之乡"。第三产业有以禅宗文化和温泉文化为主体的文化旅游产业集群。以"旅游+"促进三产深度融合带动产业兴旺,形成了"看一场演出、拜一下六祖、吃一顿农家饭、体验一下禅文化、泡一下温泉、最少住一个晚上"的"六个一"旅游休闲产业链。

(一)"旅游+文化"。六祖故里旅游度假区被评为广东省文化旅游融合发展示范区。禅域小镇以复合式、多元化、全方位打造全球最具特色的"禅宗"主题文化旅游综合体。广东省首部大型实景音画大典《禅宗圣域·六祖惠能》是禅域小镇的核心子项目，汇聚国家级创作团队，融合全球最新现代光影技术，再现六祖惠能传奇故事。惠能纪念广场、金台山智慧公园等已成为市民和游客新的"打卡点"。弘扬传承六祖诞庙会、莲塘"烧花炮"、雅岗"走大王"、社圩"舞火篝"等独具特色的传统文化习俗，发展民俗风情旅游。此外，一年一届的旅游文化美食节、农民丰收节已成为新兴县固定节庆盛事。以各具特色、独具魅力的节庆活动吸引游客、留住游客，把文化做成产品，把产品做成线路，把线路变成旅游目的地，形成独具新兴特色的文化旅游品牌。

（二）"旅游+农业"。新兴县推动庄谷坪树贤绿色农庄、禾泰农场、云座农场、满氏家庭农场、醉美西水等休闲农业与乡村旅游景区（点）建设，为游客提供多位一体的旅游服务。天露山旅游度假区入选全国休闲农业与乡村旅游示范点，禾泰农场是广东省休闲农业与乡村旅游示范点和农业公园，象窝山生态园是岭南最美茶园。在实施乡村振兴战略中，打造了5条精品村、5条精品线路，文化旅游助力乡村振兴成效显著。天堂镇区村、簕竹镇良洞村、东成镇碧塘村、太平镇悦塘村、六祖镇龙山塘村等成为精品旅游示范村；龙山塘村被评为广东省文化旅游特色村；禅意之旅线路入选广东省乡村旅游精品线路。新兴县实施产业扶贫，扶持茶叶、青梅、香荔、养蜂等项目，为游客提供优质的旅游土特产，大力发展林果采摘、有机蔬菜、家庭农场、田园综合体等体验型生态休闲农业项目，实现了从农业观光型旅游向休闲度假、体验娱乐、科普教育综合型旅游转变。

（三）"旅游+工业"。新兴县建成了县创新中心、新兴名优特产展示厅等工业旅游点，正在推进广东万事泰集团、凌丰集团等不锈钢制品企业发展工业旅游。

（四）"旅游+体育"。新兴县已成功举办三届马拉松赛事，把旅游宣传融入体育赛事当中。通过赛事将马拉松精神与当地的城市新貌、禅宗文化完美融合，更深层次地挖掘地方体育、旅游潜力，传递低碳、环保、生态、健康的理念，传播新兴城市形象，展现禅都新魅力，已成为新兴县的一张亮丽名片。天露山旅游度假区被评为广东省体育旅游示范基地。

（五）"旅游+中医药养生"。新兴县翔顺金水台温泉小镇中医药养生旅游项目获得广东省中医药文化养生旅游示范基地称号；天露山旅游度假区的梅溪小镇内设南药健康管理中心，并与新兴中药学校达成长期合作，打造广东省首家南药体验推广基地。

（六）"旅游+特色小镇"。新兴县以特色小镇建设为平台，推动全域旅游产业升级。打造了以六祖故里旅游度假区为龙头，联动文化、生态、农业、康养、禅修，构建了"一花开五叶"格局的六祖小镇；打造了以广东华农温氏畜牧股份有限公司总部为依托，以温氏科技园为平台，构建现代农牧产业链全环节的温氏农科小镇。以入选了广东省特色小镇培育库的六祖小镇和温氏农科小镇，带动文旅融合基地禅域小镇、新兴理想宜居环境筠州小镇、南药体验推广基地梅溪小镇等特色小镇建设，打造宜居、宜业、宜游的特色县域。

四 强化行业监管，优化市场环境

一是实施旅游服务标准化建设。新兴县制定了符合本地实际的旅游服务地方标准，加强了旅游职业技能培训，提升服务质量和管理水平，促进整个行业的健康发展。二是开展安全生产行动。新兴县落实旅游企业安全生产主体责任，加强旅游市场秩序整治和综合监管，开展经常性检查与专项执法检查相结合，建立和健全了安全管理制度和风险管控机制，确保全县旅游市场安全有序发展。三是完善旅游综合执法体系。新兴县成立了旅游派出所、旅游市场监管所、旅游巡回法庭，实现旅游市场监管的统筹协调、指挥调度，形成旅游市场综合监管格局。四是做好旅游投诉处理。新兴县及时处理游客投诉，从未发生重大旅游投诉事件。五是开展文明旅游活动。新兴县深入开展文明旅游和志愿者服务活动，多措并举开展文明旅游宣传活动，营造文明旅游的良好氛围。同时，建立了旅游志愿者服务团队和旅游志愿者管理制度，常态化开展志愿公益活动，实现了旅游市场的安全、文明、有序发展。

新兴县全域旅游产业发展虽然取得了较好的成绩，但也存在一些问题和不足。主要表现在：一是全域旅游发展不够平衡，产业要素不够完善，与其他产业未能深度融合；二是旅游基础设施不够完善，宣传营销力度不够强，旅游知名度和影响力有待提升；三是旅游专业人才不足，旅游服务质量和旅游市场监管水平有待提高。